나는 군 경력으로 취업했다

나는 군 경력으로 취업했다

발행일   2023년 8월 18일

지은이   정대영(카키)
펴낸이   손형국
펴낸곳   (주)북랩
편집인   선일영   편집   윤용민, 배진용, 김부경, 김다빈
디자인   이현수, 김민하, 김영주, 안유경   제작   박기성, 구성우, 변성주, 배상진
마케팅   김회란, 박진관
출판등록   2004. 12. 1(제2012-000051호)
주소   서울특별시 금천구 가산디지털 1로 168, 우림라이온스밸리 B동 B113~114호, C동 B101호
홈페이지   www.book.co.kr
전화번호   (02)2026-5777   팩스   (02)3159-9637

ISBN   979-11-93304-11-2 03190 (종이책)   979-11-93304-12-9 05190 (전자책)

(주)북랩 성공출판의 파트너

북랩 홈페이지와 패밀리 사이트에서 다양한 출판 솔루션을 만나 보세요!

홈페이지 book.co.kr   •   **블로그** blog.naver.com/essaybook   •   **출판문의** book@book.co.kr

작가 연락처 문의 ▸ ask.book.co.kr

작가 연락처는 개인정보이므로 북랩에서 알려드릴 수 없습니다.

나는 군 경력으로 취업했다

정대영(카키) 지음

군 경력과 전문성을 무기로
취업에 성공하는 방법

 북랩

추천사

군인에게 직업적 안정성을 보장하는 것은 군인 가족의 행복을 위한 것이며, 이는 곧 국방력 강화와 연결된다. 이들이 사회에 나가더라도 역량을 갖춘 경제 일원이 될 수 있도록 국가 차원의 관심이 중요하다.

이 책은 군인들이 복무 기간 동안 전문성을 키워 사회로 나갈 수 있도록 가이드를 제시했다는 점에서 의의가 있다.

국회의원 한기호 / 前 국방위원회 위원장

(예비역 중장, 육사 31기)

군인의 길을 걷는다는 것은 국가와 국민을 위하여 온갖 고난을 기꺼이 감내하는 형극의 길을 걷는 것과 마찬가지다. 그들의 헌신에 합당한 예우가 이루어질 수 있도록 제도를 정비하고 있다. 이 합당한 예우는 복무 기간뿐만 아니라 전역 이후에도 당연히 제공되어야 한다. 이를 위하여 군인으로서의 경력과 취업을 연계한다거나 취업정보를 제공할 수 있도록 제도를 정비하는 등 전역 이후 한 사람의 사회인으로서 군인이 바로 설 수 있도록 하는 데에 깊은 관심을 기울이고 있다.

　　전역 이후 사회 곳곳에서 활약하고 있는 군인들을 바라보며 느낀 점은, 그들이 군에서 쌓은 경험과 역량을 충분히 활용할 수 있도록 하는 것은 군인 한 사람 한 사람의 삶을 보장하는 것은 물론이거니와 우리 사회의 성장과 발전에도 기여하는 일이라는 점이다. 그러나 많은 군인들이 전역을 앞두고 새로운 진로를 모색하는 과정에서 커다란 스트레스를 겪는 것도 사실이다. 이러한 문제를 해소하기 위해서는 제도적 정비와 함께 다양한 선배들의 경험을 공유할 필요가 있다. 생생한 경험을 바탕으로 한 저자의 책이 반가운 이유다. 전역을 앞둔 현역 군인들에게 큰 도움이 되기를 바란다.

국회의원 안규백 / 前 국방위원회 위원
(前 국방위원장)

현역과 예비역 군인에게 동아줄 같은 책이다.

군인은 군복을 벗으면 막막해지기 일쑤다. 연금이 있다고는 하지만 생계를 유지하기에는 역부족이다. 그래서 취업 자리를 알아본다. 하지만 미숙하다. 도움의 손길이 필요한 시점이다.

이 책의 내용은 필자의 경험을 바탕으로 한 동아줄 같은 글이다. 현역과 예비역 군인에게 꼭 필요한 책이다.

아시아경제 기자 양낙규 / 군사전문기자

프롤로그
- 전역 또는 이직(전직)을 고민하는 분에게

현역으로 복무할 때보다 전역 후 대한항공에서 근무할 때 선후배들로부터 더 많은 전화를 받았다. 통화하면서 안부 인사가 끝나면 현역들의 고민을 듣는다. 현역들의 최고 고민은 지금 전역을 할 것인가다. 그리고 전역을 앞두고 있는 분들은 전역 후 어떻게 직장을 구할 것인지 고민을 한다. 나도 이직 전에 같은 고민을 했었다. 주변에 마땅히 상담할 선배도 없기 때문에 이러한 상황이 얼마나 힘든지 나는 충분히 이해할 수 있다.

장교나 부사관 모두 군에서 임관을 했다면 언젠가 전역을 해야 한다. 그런데 군 생활을 하다 보면 아무래도 사회와 단절

되어 있어서, 사회가 어떻게 변하고 트렌드가 무엇인지 파악하기 쉽지 않다. 특히 여러 직종에 대한 정보가 거의 없다. 현역들은 사회를 직접적으로 경험해보지 않아서, 군 생활밖에 하지 않은 군 선배와 상담을 하거나 유튜브로 세상에 대한 정보를 접하게 된다. 직업 군인을 위한 이직(전직) 준비 팁을 담고 있는 책도 거의 없다.

나 또한 그랬다. 2006년 임관 후 2007년부터 서브프라임 모기지 사태를 시작으로 국제 금융위기 상황을 지켜보았다. 그 당시 국제 금융위기가 우리 사회에 얼마나 큰 영향을 미치는지도 정확히 모르면서, "지금 경제 상황이 어렵다고 하니, 전역하면 취업하기 어렵겠지?"라고 푸념했던 기억이 난다. 최근 상담을 요청하는 현역들과 이야기를 해보면, "경기침체가 올 수 있다는데, 어떻게 취업할 수 있을까요?"라고 묻는다. 내가 현역일 때와 같은 생각을 하고 있다. 그만큼 현역들이 채용시장에 대해 잘 이해하지 못하고, 어떻게 취업해야 할지 방법을 못 찾고 있는 것 같아 안타깝다.

군인 연금 대상이 되지만 애매한 나이에 전역해야 하는 소령, 연금 대상에 해당되지 않고 중장기 복무 후 전역하는 대위~소령 장교와 부사관들은 정말 도움이 필요하다. 또한 장기 복무 신청을 앞두고 있거나, 장기 복무를 고려하는 초급간부, 후보생들도 군 생활의 계획을 잡는 데 미래를 고민하지 않을 수 없다.

그리고 30년 넘게 군 생활을 한 직업 군인은 전역 후 군인 연금으로만 생활할 수 있을까? 100세 시대에 퇴직한 50~60대는 아직도 젊다.

나는 현역들이 이직한 선배들을 만나기 어려운 업무 환경을 잘 알기에, 전역을 고민하는 현역들이 고충을 이야기할 때 작은 도움이라도 되고 싶었다. 그래서 나는 이들에게 도움이 되고자 나의 경험 및 다른 이직 사례, 상담 사례를 블로그에 쓰기 시작했다. 그러나 블로그에 글을 쓰다 보니 무언가 체계적이지 않았다. 내가 게시하였던 몇 가지의 단편적인 사례만 보고 상담을 요청하는 분들과 대화가 쉽지 않았다. 그리고 몇몇 분들은 전체 내용을 모두 담을 수 있는 책이 있으면 좋겠다는 제안을 해주셔서 책을 출간하기로 마음먹었다.

그런데 가끔 오해하시는 분들이 있다. 어떤 분은 "현역들이 이직 사례를 보고 많이 전역한다면, 나라는 누가 지키겠느냐?"라는 질문을 던졌다. 무조건 전역해서 이직하라는 뜻은 아니다. 직업 군인으로 생활하면서 더 이상 비전이 없다고 느껴지거나 전공을 살릴 수 없거나 자신의 적성과 맞지 않을 경우, 그들도 사회로 나가서 국가 경제의 일원이 될 자격이 있다. 그래서 나는 그들이 어떻게 전역 준비를 해야 하는지에 대해 도움이 되고자 글을 쓴 것이다. 자신과 맞지 않음에도 경제적 상황이나 정보 부족으로 오는 막연한 두려움, 준비 부족 등의 이유로 꾹꾹 참고 사는 인생은 불쌍하지 아니한가? 그런 분들에게 용기와 도움을 드리고 싶을 뿐이니 오해가 없기를 바란다. 나는 아직도 군을 사랑한다. 군 출신들이 전역 후 경제 활동도 잘한다면, 미래에 직업군인을 선택하는 후배들도 더욱 많아질 것이다.

이 책을 언젠가 전역해야 하는 현역(이등병~장군) 또는 군문을 나서는 사관생도나 후보생들이 읽는다면, 사회에 나가기 전 어떻게 경력을 관리하고 만드는지에 대해 배울 수 있을 것이다. 혼자서도 자신의 적성을 찾고 언젠가 전역을 준비할 수 있는 능력을 만들어줄 것이다. 평범한 직장인이 읽더라도 이직을 할 수 있는 방법에 대한 팁을 얻을 수 있다. 직업을 찾는 데 원칙은 동일하기 때문이다.

나의 좌우명은 '하늘을 감동시키자'다. 무언가 얻고 싶다면, 하늘을 감동시킬 정도의 노력을 해야 한다는 의미이다. 이와 마찬가지로 아무리 좋은 책을 많이 읽더라도 실천하지 않으면 아무런 변화도 없다. 실제로 상담을 하다 보면 상담 도중 연락을 끊어버리는 분도 있다. 그래서 당부하건대, 실천할 자신이 없다면 이 책을 덮도록 하라.

2023년 8월

정대영(카키)

나는 군 경력으로 취업했다

contents

1부
위기를 이직의 기회로 만들다

2부
전역 후 이직 성공 사례

3부

전역 상담 사례

4부

전역 (전직, 이직) 준비 프로세스

5부

전역 후 사회생활 적응하기

6부

군 생활 때 이것을 미리 알았더라면

위기를
이직의
기회로
만들다

» 1. 전역은 남의 일이 아니다

주변에서 전역 준비하는 분들을 보았는가? 이러한 사례를 보면서 어떤 생각이 드는가?

사례 #1

A 장군은 전역을 앞두고 있다. 이미 전역한 동기들은 미리 사회에 나가, 번듯한 회사의 고문으로 있거나 작가 및 유튜버로 활동을 하고 있다. A 장군은 정말 열심히 근무했지만, 군 경험 외에는 자기 계발이나 대외 인맥조차도 변변치 않다. 그래도 장군으로 전역하는데, 주변의 시선이 불편해진다.

사례 #2

B 중령은 50대 중반으로 곧 전역을 앞두고 있다. 전역하는데 집 한 채 없이 관사에서만 살았다. 전역 후 남는 것은 군인 연금밖에 없어서, 아파트를 매입하려고 하니 과거보다 너무 비싸서 고민 중이다. 추가적인 생활비가 필요한데, 갈 수 있는 곳은 눈높이를 낮추어야만 해서 자존심이 상했다.

사례 #3

C 대위는 소령 진급을 못 해 군인 연금 혜택도 없이 전역해야 한다. 전역 준비하려고 이것저것 알아보고 있었다. 상급자는 "아직도 전역하려면 몇 년 남았으니, 천천히 준비하고 부대 업무에 집중하라"라며 과다한 업무를 지시한다. C 대위는 나이가 더 들기 전에 어느 회사라도 취업하고 싶은데 어떻게 해야 할지 몰라 답답해한다.

사례 #4

D 중사는 끝내 장기 복무 선발이 되지 않아 전역해야 한다. 주변에서 공무원 시험에 합격한 후배들을 보며 본인도 시작해보려고 한다. 그러나 평소 책 한 권도 읽지 않다 보니 글이 눈에 들어오지 않는다. 인터넷을 검색하다 유망 자격증을 검색했다. 이 자격증이라도 취득하면 어떻게든 취업은 할 것 같다고 생각하여 공무원 시험은 다시 접는다.

전역은 남의 일이 아니다. 임관을 했다면 모두 전역해야 한다. 100세 시대에 만기 전역하는 50대 중후반도 젊고, 군인

연금을 수령하지 못하고 전역하는 사람은 더 젊다. 그래서 전역 전에 제2의 직업을 만들 수 있는 준비를 군에서부터 시작해야 한다. 위 사례들은 우리가 흔히 볼 수 있는 상황이지만, 언젠가 전역을 해야 하는 분들에게는 동일한 상황이 생기지 않기를 바란다. 나도 좌충우돌하며 전역 준비를 했다. 나의 이야기를 하는 것이 부끄럽지만, 전역을 고민하고 준비하는 분들에게 도움이 되었으면 좋겠다.

» 2. 날벼락처럼 내려온 파견 명령

2016년 나는 1군사령부 지원 기무 부대에서 소령 2차 진급을 했었다. 잘나가던 나의 군 생활이 한계에 부딪힌 후 더 이상 진급하기 어려운 구조라는 것을 예상했었다. 그래서 전역 후 군 경력을 활용할 수 있는 방안을 모색하고 있었고, 나의 역량을 높이기 위해 하루하루를 보냈다. 1군사령부 지원 기무반 사무실에서 한참 업무를 하고 있던 어느 날, 갑자기 부대장실로 오라는 호출 전화를 받았다. 정확한 이유도 모르고 부대장실에 들어갔다. 부대장님은 내가 평창 동계올림픽 조직위로 파견을 가야 한다고 하신다. 파견 배경에 대해서만 간단히

나는 군 경력으로 취업했다

듣고 나와서, 나는 굉장히 화가 났다.

나는 정말 운도 없나 보다. 갑자기 대학 시절 학사 장교 지원을 준비하던 중 관상을 보는 사람이 나에게 했던 말이 기억난다. 관상을 보는 분은 나에게 공직에 가면 정말 잘 풀릴 것이고, 특히 군에 가면 정말 잘 풀릴 것이라고 했다. 기무사 HQ에서 보좌관 생활을 1년밖에 하지 못해, 지방으로 밀려와서 소령도 2차 진급을 했었다. 기무사에 근무했다면 파견 근무가 대부분 진급에 좋지 않다는 것을 너무 잘 안다. 그래서 부대원 모두 파견 가는 것을 꺼린다. 그런데 소령 2차 진급한 내가 왜 파견을 가야 하는가?

직속상관인 기무반장님도 이 소식을 듣고 많이 걱정을 해 주셨다. 그 선배는 "너 이번에 파견 가면 더 이상 진급 어렵다고 생각해야 한다"라고 말씀하셨다. 나도 알고 있다. 그런데 인사 명령으로 파견 명령이 난다는데, 군인이 어찌 이것을 피할 수 있을까? 이미 전역까지 생각하고 있는 나에게 파견 명령은 너무 무거웠다. 내 눈으로 파견 명령을 보면서, '아! 이제 군 생활은 정말 끝났구나!'라고 한탄했다. 그리고 나의 전역 준비 계획에 큰 차질이 생겼다. 그런데 내가 왜 전역까지 생각했냐고?

» 3. 내가 전역을 결심한 이유

(1) 법돌이가 군 장교가 되겠다고?

나는 대학교 학부에서 법학을 전공했다. 법학을 전공하신 분들이라면 모두가 꿈꾸는 것처럼, 나도 법조인이 되는 것이 꿈이었다. 나는 법조인 중에서도 검사가 되고 싶었다. 고등학교 때부터 검사가 되겠다는 꿈을 갖고, 책상 앞에 '21세기의 검사'라고 쓴 종이를 붙이고 공부를 했었다. 나는 희망했던 학교는 아니었지만 결국 법학과로 진학했고, 사법 고시 공부를 시작했다. 그러나 나를 불편하게 했던 것은 국방의 의무였다. 대한민국의 건강한 남자라면 모두 가야 하는데, 나는 군 입대를 연기했다. 군 입대를 연기하면서 사법 고시 공부를 한다는 것은, 마치 인생에서 황금과도 같은 20대에 시간을 담보로 시한폭탄을 들고 벌이는 도박 같았다.

그래서 한 가지 방책을 세운 것이, 4학년까지 사법 고시 1차도 합격하지 못하면 학사 장교로 가겠다고 결심했다. 장교로 가면 기본적인 경제 활동을 할 수 있겠다고 판단했다. 당시 학사 장교 모집 광고에도 '두 마리 토끼를 잡을 수 있는 선택이다'라는 문구가 있었는데 이것이 나의 결심에 큰 영향을 끼쳤다. 사법 고시에 합격하지 못하면, 대학 졸업 후 학사 장교로 가서 돈을 벌어 사법 고시에 다시 재도전하겠다는 것이 나의 계획이었다. 그 당시 나는 부모님께 더 이상 손 벌리고 싶지 않았다.

학사 장교 47기로 영천에 있는 3사관학교에서 사관후보생 교육을 받으면서, 나는 전역 후 사법 고시 준비보다는 공무원 시험을 보거나 취업을 해야겠다는 생각을 했다. 나 스스로 마음이 약해진 것이다. 아무래도 체력적으로 힘든 훈련을 받으며 세상과 동떨어져 있다 보니, 검사가 되겠다는 굳은 의지와 목표도 조금씩 흐려져갔다. 이처럼 혼란스러운 생각 때문에 사관후보생 훈련 과정 동안 열심히 하지 않았고, 최종 성적은 중하위권이었다.

훈련 성적 우수로 표창을 받는 동기생들을 보며 '조금 더 열심히 공부할 걸 그랬나'라는 생각도 했었다. 당시 법학 전공인 점을 감안하여 헌병에 지원했는데, 사관후보생 과정 성적이 좋지 않아 선택의 여지 없이 보병 병과로 가게 되었다. 체력도 바닥인 나는 보병으로 가는 것이 점점 더 걱정되었다.

그런데 보병에서도 기계화 보병 부대인 11사단으로 발령이 나면서, 육군 기계화학교에서 OBC(Official Basic Course, 신임 장교 지휘참모 과정)를 교육받았다. 기계화 보병 특기 교육에 재미를 느꼈다. 법돌이가 기계에 흥미를 갖고, 정비도 해보고 장갑차 조종도 해보니 신이 났다. 흥미를 갖고 교육을 받다 보니, 수료할 때 3등으로 육군 기계화학교 교장상을 받았다. 장기 복무에 관심도 없었는데 어깨가 으쓱해졌다. 장기 복무를 희망하는 동기생들이 "너는 장기 복무에 관심 없는데, 네가 이런 성적을 받으면 어떻게 하냐?"라며 핀잔을 주기도 했다.

OBC 수료 후 11사단 128기계화 보병대대에 자대 배치를 받았다. 그 당시 대대장님과 선배 장교들이 가장 먼저 물어보던 질문은 장기 복무 희망 여부였다. 나는 OBC 성적도 좋으니 우선 장기 복무하겠다고 답변했다. 장기 복무를 희망한다고 대답하면 대대에서도 근무 평가, 각종 표창 등 많이 챙겨줬었다. 당시 호랑이 같던 대대장님도 나의 능력을 인정해주시고 아껴주서서, 나는 무난하게 장기 복무 대상자에 선정되었다.

장교나 부사관 현역 또는 예비역들은 잘 알겠지만, 사단에 장기 복무 합격자는 2~3명 정도 선발되는 수준이었다. 내가 그 순위에 들어간 것만으로도 매우 영광스럽게 생각했다. 나는 그 당시 나를 인정해주는 부대 생활에 만족하였고, 2007~2009년은 국제 금융위기가 있었던 때라 군대 밖 사회는 경제적으로 어려운 시기였다. 그래서 전역하겠다는 마음이 점점 없어졌다. 그리고 그 대대장님을 롤 모델로 야전 군인의 꿈을 키웠다.

대위들의 필수 교육 과정인 OAC(Official Advanced Course, 고등군사반)에 가서는 잠자는 시간까지 줄이면서 공부하여 3등으로 수료했고 학교장상을 받았다. 그 후 20사단 110기계화보병대대 중대장으로 보직을 받고 지휘관의 어깨가 무겁다고 느꼈다. 중대장 보직을 받은 후 몇 달간 깊게 잠을 잘 수 없었다. 그리고 행동 하나하나를 신중히 해야 했다. 그러나 중대장 보직 2년을 거의 함께한 대대장님과 너무 맞지 않았다. 그분은 OBC때 리더십 교관으로 만난 인연이 있는데, 리더십 이론과 실상은 많이 다르다는 것을 느꼈다.

어쨌든 그때부터 나의 경력이 꼬이게 되었고, 군 생활에 대한 회의감을 많이 느꼈다. 나는 그때 야전 군인이 되는 것은 나와 맞지 않다고 판단했고, 나의 특기를 살릴 수 있는 곳으로 가야겠다고 결심했다. 정책형 군인이 되기 위해 위탁 교육도 고려했었다. 그러다가 군 정보수사기관인 국군기무사령부의 부대원 선발 공고를 보고 나의 법학 지식을 활용해보고자 지원했다. 서류 전형과 면접, 필기 시험 등을 거쳐 기무사에 합격하였다. 나는 당시 정말 새로운 삶을 시작하는 것처럼 너무 기뻤다. 나의 능력을 제대로 발휘할 수 있는 기회라고 생각했기 때문이다.

(2) 청운의 꿈을 품고 기무사로

기무사 장교로 전입한 날을 잊을 수가 없다. 전입 신고일이 기묘하게 나의 생일이었는데, 다시 태어나는 기분이었다. 야전 군인보다 품위 있어 보이는 검은색 정장을 입은 나의 모습을 보면서, '이제서야 나의 길을 제대로 찾았으니 나의 역량을 제대로 발휘해보자'라고 다짐했다. 그리고 22사단을 지원하는 기무 부대에 배치되었다.

그곳에서도 호랑이 같은 부대장님을 만났지만, 나의 정보 수집력에 대해 크게 칭찬하셨다. 그렇게 나는 기무사에서 꿈을 키워나갔다. 그 당시 정보 활동을 많이 해서, 술자리는 엄청 늘어나고 나의 체중도 크게 늘어났다. 칭찬은 고래도 춤추게 한다는 말과 같이, 나는 몸이 망가지는 것도 모르고 매일 과음했던 것 같다. 술을 잘 드셨던, 돌아가신 아버지의 유전자 덕분인 것 같다.

1년 차 기무반장 보직이 끝나갈 무렵의 어느 날이었다. GOP대대를 지원하던 기무계장한테서 "반… 반장님, 크… 큰일났습니다. 북한군이 내려왔습니다"라며 전화가 왔다. "뭐? 뭐라고요?" 쏜살같이 운전해서 전방으로 달려갔던 것이 2012년 10월 2일 발생한 '노크 귀순' 사건이었다. 당시 조선 인민군 육군 중급 병사(1명)가 우리 육군 22사단 관할 동부 전선의 철책과 경계를 넘어왔다. 그 과정에서 북한군 병사가 아무런 방해도 받지 않고 철책 등을 무사히 넘어 주둔지에 들어왔고, GOP 소초에 노크를 하면서 귀순 의사를 밝혔다고 하여 '노크 귀순'으로 칭하게 되었다. 군에서 여러 장군들과 지휘관들이 해임된 희대의 사건으로, 나의 군 생활에서도 잊을 수 없는 사건이다.

나는 '노크 귀순' 사건으로 감찰 조사가 예정되자, '이렇게 보직 해임되거나 처벌을 받고 군 생활이 끝날 수 있겠다'라며 걱정했다. 그러나 언론에서 '야전부대 작전 계통에서 보고 과정에 문제가 생겼으나, 기무사에서는 국방부 및 청와대까지 정확한 보고를 했다'라는 보도가 나가자, '평소 정보망을 잘 구축했고 정확한 상황 보고를 했다'라고 칭찬받았다. 그래서 더 이상 징계나 질책은 없었지만, 당시 국방위 김광진 전 의원 등의 현장 조사와 군 VIP의 잦은 방문으로 두 달 동안 너무 힘든 시간을 보냈다. '노크 귀순' 이후에도 22사단 지원 기무 부대에서 직할 반장으로 더 근무하게 되었다. 직할 반장으로 근무할 당시에는 아무런 상황이 없어서, 무난하게 근무할 수 있었다.

(3) 저는 전공을 살리고 싶어 기무사에 왔습니다만?

전방 지역에서 기무반장으로 1~2년 근무를 하면, 다음 보직으로 기무사령부 HQ에서 근무할 수 있는 기회가 있다. 사령부 내에서 특기를 잘 받아야 앞으로 어느 분야에서 근무하게 될지 정해진다. 기무사의 주요 특기들은 군사정보, 안정, 방첩, 방산, 보안, 기관(행정) 업무 등이 있다. 나는 전공을 살리고 싶어서 기무사에 왔기 때문에 방첩 업무(수사)를 하고 싶었다. 그러나 현실은 그렇지 않았다.

사령부에서 특기를 받으려면 사령부 전입 전 모셨던 부대장 또는 추천해주는 중령·대령 선배 장교들의 특기가 무엇인지가 가장 중요하다. 그리고 각 특기마다 각 출신(육사, 3사, 학군, 학사, 여군 등)들의 할당이 어느 정도 되어 있기에, 육사를 제외한 일반 출신들은 자신들이 희망하는 특기를 받는 것이 쉽지 않다. 이것은 그 당시 인사 관례였으며, 지금은 기무사에서 방첩사로 개편되었으므로 이 관례는 없어졌을 것이다.

그래서 2년 차 기무반장인 나는 사령부 전입을 위해 당시 모셨던 안정 특기 출신의 부대장님께 부탁드려서 안정 업무에 지원했다. 부대장님의 추천이 없었다면 사령부 근무도 해보지 못했을 것이다. 특기를 살리기 어려운 이 실상을 미리 알았다면 기무사 전입을 다시 검토했을 것이다. 결국 그 부대장님의 도움을 받아 원하지 않았지만 위기관리센터 상황 담당으로 인사 명령이 났고, 3교대를 하면서 1년의 세월을 보내야 했다.

3교대 근무도 쉽지 않았다. 3교대 근무는 원래 하루 24시간 근무를 하고 2일을 쉬는 것이다. 그러나 어느 윗분의 지시 이후, 24시간 근무하고 다음 날 아침 퇴근했다가 그다음 날은 사무실 근무를 하면서 업무를 배우는 것으로 바뀌었다. 그리고 다음 날 24시간 근무에 투입된다. 지금까지도 누가 지시했는지 알 수 없다. 그분의 지론은 '상황 장교들에게 업무를 가르쳐야지, 그냥 저렇게 내버려두면 대위들이 배울 것이 없다'라는 것이다. 그분의 지론 덕분(?)에 상황 장교들은 몸에 무리가 오기 시작했다. 나는 몸도 망가지고 있었지만, 나의 전공을 살릴 수 없고 나의 특기를 만들 수도 없다는 현실이 너무 슬펐다. 그러다 보니 몸무게가 거의 8kg이 빠졌다. 전방에서 기무반장 할 때 쪘던 살들이 다 빠져버렸던 것이다.

그렇게 사령부 1년 차 상황 담당 보직이 끝나고, 다음 보직을 찾아가야 하는 시기가 왔다. 기무사 장교들은 소령 진급을 앞두고 2년 동안 사령부 근무를 하는데, 그때 자신의 특기를 일관성 있게 이어가는 것이 인사의 정석이다. 이 정석대로라면 상황 장교 보직을 끝내고 안정 업무 관련 부서에 있는 것이 적합하다. 그러나 지금이 나의 전공을 살릴 수 있는 기회일 것 같다고 판단되어, 다시 방첩 부서에 가고 싶다고 희망했다. 방첩 출신 선배들에게 도움을 요청했었지만 결국 실패했다. 결국 나는 사령부가 아닌 예하 부대 어느 보직으로 가야 한다. 더군다나 그 당시 조현천 전 사령관은 본부를 슬림하게 만들겠다고 지시하여, 사령부에 있던 대위 보직들이 많이 없어져버렸다. 나는 학사 장교 출신으로 그동안 군 생활을 잘해오다가, 보이지 않았던 한계 앞에서 깊은 고민에 빠졌다.

(4) 뻔히 보이는 미래를 알면서
    그 위험을 감수하고 싶지 않다

　　기무사 대위가 사령부에서 2년의 보좌관 경력을 채우지 못하면 소령 1차 진급은 하기 어렵다. 게다가 기무사 장교로서 주요 특기가 없어지는 것이기 때문에, 중령 진급은 더더욱 멀어져버린다. 나의 계장(당시 소령)님이 나를 불쌍하게 생각하셨는지, 국방부 지원 기무 부대로 가라고 말씀하셨다. 계장님은 그곳에서 사령부와 동일한 경력을 인정받지는 못하지만, 국방부에서 경력을 쌓고 다시 사령부로 올 수 있다고 희망을 주셨다.

　　그러나 나의 생각은 달랐다. 나는 더 이상 기무사에서 중령까지 진급하기 어렵다고 판단했고, 직업적 안정성을 보장받지 못할 것이라고 생각했다. 뻔히 보이는 미래를 예상하면서도 실낱같은 희망을 걸고 싶지 않았다. 희망 고문을 받으며 근무하고 싶지 않았기 때문이다. 어차피 사령부에는 대위 보직 자리가 없어 소령 1차 진급은 어렵다고 생각했고, 기무사 소속으로 사고 없이 근무만 하고 있어도 2차 소령 진급은 할 수 있다고 생각했다. 그리고 전역 준비에 시간 할애를 하고 싶었다. 사령부 근무보다 지방 기무 부대 근무가 여유가 있기 때문이다. 그래서 국방부 지원 기무 부대가 아닌, 가족들이 거주하고 있는 지역의 1군사령부 지원 기무 부대로 옮겼다.

진급 등 모든 것을 내려놓으면서, '기무사에 왔으니, 숨만 쉬고 있어도 소령은 진급한다'라고 생각하고 나의 미래를 준비하기로 했다. 그리고 가족들에게 나의 상황을 설명하면서 '그래도 군 생활이 아직 끝나지 않았다. 그동안 직업 군인 하느라 떨어져 살았는데, 이번 기회에 같이 살면 좋을 것 같다'라며 안심시켰다. 그러나 30대 중반이 된 나는 모든 것이 두려웠다. 내가 전역 후 앞으로 무엇을 해야 할지, 어떤 것을 준비해야 할지 막막했다.

나와 같은 상황에 처한 직업 군인들이 많을 텐데, 대부분의 군 선배들이 전역 후 보험이나 영업 활동, 자영업을 하는 것을 보았기에 막연한 두려움도 있었다. 기무사 출신 장교들이 전역 후 방위산업 기업에 채용되는 경우도 있는데, 나는 이런 채용에도 희망이 없었다. 왜냐하면 기무사에서 방산 업무 경험이 많지 않았기 때문이다. 당시에는 기무사의 경력을 가지고 어떤 직업으로 이직할 수 있을지 어떠한 사전 지식이나 취업 전략도 없었다.

1군사 지원 기무 부대에 전입 후 이런 고민들만 계속했다. 돌이켜보면 행동은 하지 않고 고민만 계속했던 것 같다. 그렇다고 향후 중령 진급까지 내다볼 수 있는 상황이 아니기에, 희망 고문을 거부하고 무언가 해야 한다는 생각을 했다. 희망 고문을 받고 싶지 않았던 것이 내가 전역을 결심한 이유였다. 이 결심이 나의 인생에서 새로운 시작의 씨앗이 되었고, 나는 행동을 하기 위한 계획을 세우기 시작했다.

» 4. 나의 좌충우돌 전역 준비 과정

전역 준비를 어떻게 해야 할까? 오랜 기간 근무하면서 정든 전우들이 있고 나의 열정을 쏟았던 군을 떠난다는 것은 쉬운 일이 아니다. 전역은 부대 밖으로 그냥 나가는 것이 아니라, 또 다른 보금자리로 이동하는 것이기 때문이다. 대부분의 현역들은 전역을 앞두고 어떤 일을 해야 하는지, 어떤 것을 준비해야 하는지 고민을 많이 한다. 나 또한 준비 과정에서 많은 시행착오와 힘겨운 과정을 거쳤다. 그러나 많은 착오와 실수를 하더라도, 무언가 묵묵히 꾸준하게 노력하는 나의 습관과 주변에서 도와주고 응원하는 분들 덕분에 지금 이 자리에

나는 군 경력으로 취업했다

있을 수 있다고 생각한다. 나의 전역 준비 과정이 모범 사례는 아니지만, 내가 잘했던 점과 잘못했던 경험담을 보면서 간접 체험하며 교훈을 얻었으면 좋겠다.

(1) 나 홀로 전역 준비 시작

① 우선 토익 점수부터 챙겨보자

전역 준비 과정에서 아주 기초적으로 준비했던 것은 영어 능력을 키우기 위해 토익 고득점을 받는 것이었다. 토익 공부를 시작한 목적은 두 가지가 있었다. 하나는 전역 후 로스쿨에 가고 싶은 생각이 있었고, 다른 하나는 취업하려면 토익 점수는 기본이라고 생각했기 때문이다.

당시 로스쿨 진학을 생각하고 있어서 강남에 있는 로스쿨 전문 학원에 가서 상담을 받았다. 선생님은 학원을 등록하기 전에 토익 900점을 받아서 오라고 했다. "네? 900점이요…?"라는 내 반응에, "950점 넘어서 오시면 더 좋아요"라고 답변한다.

상담한 후 한숨만 나왔다. 대학 시절에도 사법 고시 시험 자격이 토익 700점이었기 때문에 700점만 넘으면 영어 공부를 더 이상 하지 않았다. 그리고 군 장교 생활을 시작하면서 한동안 영어 공부를 하지 않아 더 걱정이 되었다.

어쨌든 로스쿨을 가기 위해서 어쩔 수 없이 토익 공부를 다시 시작했다. 처음에는 혼자 공부를 했는데, 진도가 너무 느리고 틀린 문제가 많아 자신감이 떨어졌다. 긴장감을 높이기 위해 강남에 있는 토익 학원에 등록했다. 매일 시험을 봐야 하고 과제가 있는 학원이었다. 대부분 대학생 또는 취준생이 공부했는데, 30대 아저씨가 수업을 같이 듣고 있어서 나를 이상하게 쳐다본다. 그래도 나는 로스쿨을 가겠다는 생각으로 토익 공부에만 매진했다. 당시 강의 시간 조교를 하던 학생은 내가 결석할 때 시험지를 챙겨놓았다가 출석할 때 챙겨주기도 했다. 힘든 상황이 와도 꼭 도와주는 주변 사람들이 있어서 감사했다.

그런데 학원 수업에 열심히 참석하고 과제를 해야 하지만 업무 때문에 결석하는 경우도 많았다. 그래서 불가피하게 선택한 방법은 한 선생님의 수업을 계속 반복해서 다니는 것이었다. 이렇게 학원을 다니면 언젠가 빠진 수업도 모두 다 수강할 수 있을 것이라 생각했다. 물론 비싼 수강료는 너무 아까웠지만, 고득점을 받기 위해 시간이 오래 걸릴 수 있겠다고 생각했다. 그리고 토익 공부는 나를 위한 시간이기에, 스트레스받지 않으려고 더 집중했다.

그러나 1군사 기무 부대로 보직을 받고 난 후 1년 정도 지났는데도 토익 900점의 문턱을 넘지 못했다. 솔직히 좌절감도 있었다. 그래도 대학 시절 토익 700점 조금 넘었는데, 당시 900점이 조금 안 되는 점수를 받아서 무언가 이루었다고 긍정적으로 생각하려고 했다. 이 점수가 채용시장에서 도움은 될 것이라고 생각하고, 전역 준비를 위한 한 단계를 밟았다고 생각하기로 했다.

이 상황을 현실적으로 냉정하게 보면, 현실은 로스쿨 학원에 명함도 내밀지 못한 것이다. 시간이 지나서 돌이켜보니, 토익 900점이 안 되더라도 그냥 그 점수를 제출하고 로스쿨 시험에 도전할 수 있었으나 하지 않았던 것이다. 그리고 토익 800점대에서 갈 수 있는 로스쿨도 있었다. 그러나 로스쿨 진학에 대한 정보가 많이 없었고 자신감도 부족해서, 더 이상 로스쿨 진학을 생각하지 않기로 했다. 왜냐하면 나는 확신이 없었고 현재의 테두리를 벗어나는 것이 두려웠다. 가족을 부양해야 하는 경제적인 상황도 무시할 수 없었다. 로스쿨 진학이 정말 모험이 될 수 있기 때문이었다. 결국 나는 또 막연한 전역 준비에 마음이 초조해졌다.

② 나의 특기 영역을 넓혀볼까?

토익 공부는 어느 정도 되었다고 생각하고 '나의 전공인 법학을 더 돋보이게 할 방법이 없을까?'라는 고민 끝에, 법학과 연계해서 어떤 경력을 더 만들어야겠다고 생각했다. 그러던 중, 친하게 지내던 선배로부터 권유받은 것이 '사이버 보안' 공부였다. 그 선배는 "세상이 모두 디지털화되고 있는데, 앞으로의 세상에는 사이버 보안이 트렌드가 될 것 같다. 이 분야 공부는 취업할 때도 도움이 될 것이다"라고 조언하였다. 실제로 취업 관련 웹사이트를 찾아보니, 사이버 보안 관련한 구직 공고가 정말 많았다. 그리고 나도 '법학과 사이버 보안의 융합적인 직무 지식을 갖고 있다면 유용할 것이다'라고 판단했다.

그래서 대학원 석사 과정 입학을 결심하고, 입학 외 전형(직업 군인)으로 신청하였다. 직업 군인은 등록금 50%를 군에서 보조해주니 너무 좋은 혜택이었다. 이것을 신청하기 전에는 위탁 교육생(군 현업 중단 후 주간 대학원생 생활)으로 선발될 때까지 대학원 진학은 생각하지도 않았다.

지나서 생각해보면 그것은 잘못된 생각이었다. 이런 생각을 조금 일찍 했더라면, 군 전역 전에 박사 과정까지 수료라도 하고 나왔을 텐데 아쉽다. 그런데 내가 지방 근무를 하다 보니, 서울 소재 주요 대학원에는 가기 어려웠다. 현역 장교들이 매번 휴가를 내면서 학교 수업을 가는 것도 쉽지 않은 환경이다. 여러 고민 끝에 온라인 수업도 가능한 장점이 있는 아주대 정보통신 대학원을 선택했다. 실제로 그곳에는 통신 병과 장교와 부사관들이 많이 공부하고 있었다.

어쨌든 또 새로운 학업의 시작으로 나의 경력과 직무 지식을 넓혀가는 것은 현업에서도 도움이 되었다. 기무사에서 근무하려면 보안 점검 능력은 공통으로 갖춰야 하는데, 이 분야를 전공하면서 보안 업무에 대한 지식이 굉장히 넓어졌다. 나는 사이버 보안 공부를 하면서, 가능하다면 사령부에서 사이버 보안 업무와 관련된 직위를 맡아서 전역 후 이 경력으로 취업하는 방안으로 대략적인 목표를 정했다.

그러나 석사 과정 공부는 쉽지 않았다. 입학 전부터 교수님들이 법학 전공은 공학 계열 수업을 따라가기 어렵다고 걱정을 하셨다. 가장 어려웠던 것은 암호 체계를 배우는 것이었다. 암호 수학을 하지 못하면 이 수업을 따라갈 수가 없었다. 고등학교 졸업 후 수학에 대한 지식과 감각을 잊고 살다 보니, 고등학교 졸업 이후 10년 넘게 펴보지 않았던 『수학의 정석』 책을 다시 보고 이해할 수 있었다. 그리고 법학 전공자에게는 모든 것이 새로웠기 때문에, 평일과 주말에 지역에 있는 도서관에서 공부를 해야 겨우 수업들을 따라갈 수 있었다.

(2) 어쩔 수 없이 찾아온 슬럼프

나는 토익 공부와 대학원 석사 과정까지 준비하면서 전역 준비를 열심히 하고 있는데, 불투명한 미래 앞에서 문득 '왜 이렇게 불안하지?'라며 자책하기도 했다. 주말에 도서관에서 공부를 하고 있다가도, 불안한 마음이 나를 괴롭혀서 선배들과 술을 많이 마시는 날도 있었다. 그러고는 '너는 열심히 살고 있어! 걱정하지 말자!'라고 스스로를 다독이는 날도 있었다. 주변에 전역 준비하는 선배들이 있는 것도 아니고, 나의 전역 준비 과정에 대해 터놓고 얘기할 동료가 없어서 너무 답답했다. 결국 슬럼프를 피할 수 없었다.

그러던 어느 날 지방에 계신 부모님 댁에 가는 길에 고속도로 휴게소 화장실에 들른 적이 있었다. 화장실 소변기 위에 명언이 많이 붙어 있었다. 내 눈에 확 들어온 명언은 워싱턴 어빙의 명언이었다. '위대한 인물에게는 목표가 있고, 평범한 사람에게는 소망이 있다'라는 글이 멋진 풍경 사진 위에 적혀 있었다. 그 순간 머리를 한 대 얻어맞은 것 같았다.

내가 열심히 전역 준비를 하면서도 불안했던 이유를 깨닫게 되었다. 나에게는 전역 후 무엇을 할 것인지 명확한 목표가 없었던 것이다! 가장 중요한 것을 놓치고 있었던 것이다. 나는 그냥 사회에서 인정받을 수 있을 만한 경력에 집중했던 것이다. 정확한 목표를 설정하지 못해서 이런 문제가 계속 발생했던 것 같다. 이것은 나의 실수였으며, 이 실수로 인해 여러 차례 슬럼프에 빠진 것이다. 워싱턴 어빙은 미국 소설가 출신인데, 이런 전략적인 생각을 할 수 있어서 외교관까지 했던 것 같다.

그렇게 머리를 한 대 얻어맞고, '전역 이후 정말 어떤 일을 하지?'라며 고민은 더 깊어졌다. 우선 중장기 복무 장교인 나의 입장에서 고려해보면, 전역 후 진로는 3가지 방향으로 생각해볼 수 있다. 첫째는 민간 회사에 취업하는 것이고, 둘째는 전역 후 창업 등 사업을 하는 것이고, 셋째는 군무원 또는 예비군 지휘관 시험을 보는 것이다. 나는 토익 공부와 대학원 석사 과정을 하고 있던 시기였기 때문에 첫 번째와 세 번째를 고민하였다. 그 이유는, 사회가 어떻게 돌아가는지도 잘 모르는데 섣불리 어떤 사업을 하다가 실패할 것 같은 두려움이 많았기 때문이다.

그런데 첫 번째 선택지도 실현 가능성이 없어 보였다. 그 당시 나는 이미 30대 중반이었고, 내가 유일하게 가지고 있는 군 경력이 회사로부터 인정받을 수 있을지 의문이었다. 내 주변에 군 경력으로 취업한 분들을 보면, 기무사에서 방산 업무 경력을 가지고 방산 업체에 취업하는 분들이 가장 성공적인 케이스였다. 그 외에는 지인을 통해 중소기업에 입사한 경우가 있었다. 그나마 가능성이 있어 보이는 세 번째 케이스를 생각하자니, 현역으로 복무할 때도 나의 전공을 살리지 못했는데 군무원 또는 예비군 지휘관이 나에게 적합할지 또 즐겁게 할 수 있을지 의문이었다.

전역 후 무엇을 해야 할지 깊은 고민에 계속 빠져들었다. 내가 정말 무엇을 하고 싶은 것인지 정하지 않으면, '밑 빠진 독에 물 붓기'같은 느낌이 든다. 목표를 정확하게 정해야만 그 목표를 향해 달려가는 과정에서도 지름길을 찾을 수 있다. 그러나 어떤 직업을 선택한다는 것이 쉽지 않다. 사회와 동떨어져 사회생활에 대한 감각이 떨어졌고, 주변에 취업한 선배를 만나는 것도 쉽지 않다. 취업한 주니어급 단기 출신 장교들의 도움을 받기에는 중장기 복무 장교들의 나이, 경력 등의 상황이 다르기 때문에 그들로부터 어떤 정보를 얻는 것도 한계가 있다.

(3) 목표 설정하기

전역 준비를 할 때 가장 힘든 점은, 주변에 도움이 되는 자

나는 군 경력으로 취업했다

료 또는 책이나 조언해줄 수 있는 선배가 없다는 것이다. 그래서 나 혼자 지금 나의 준비 상태와 방향에 대해 항상 다시 생각해보는 시간이 많이 필요했다. 그래서 동네에 있는 한적한 카페에 펜과 종이를 들고 혼자 커피를 마시러 갔다. 나는 진중한 결정을 할 때마다 혼자 카페에 가서 종이와 펜으로 나의 생각을 정리하는 습관이 있다. 이번에도 나의 생각을 정리하기 위해 카페에 앉아 내가 좋아하는 만년필로 흰 종이에 글을 써 내려갔다.

먼저, 중장기 장교들이 생각하는 3가지 방향의 장단점을 아래와 같이 표를 만들어서 작성해보았다. 첫 번째, 일반 기업에 취업하는 경우다. 중장기 근무 장교가 전역 후 일반 기업에 취업하는 것 자체가 쉽지 않은 것이 단점이다. 그러나 취업하게 되면 군 생활보다 다양하고 창의적인 사고로 일을 할 수 있다는 장점이 있다. 이렇게 나의 선택지 및 가능성에 대해 하나씩 정리해보았다.

그다음은 내가 생각하는 3가지 진로 방향이 나와 잘 맞는지 판단이 필요했다. 기무사에서 터득한 나의 장점은 사람들과 쉽게 친해지고 관계를 유지할 수 있는 능력, 외향적인 성격, 문제 해결 능력이라고 생각했다. 그리고 일단 내가 맞다고 판단되면 무섭게 몰아붙이는 추진력 또한 장점이다. 이렇게 전역 후 각각의 진로에 대한 3가지 방향성에 대해 나의 성향과 연계하여 장점과 단점을 추가로 써보면서, 아래 표와 같이 정리해보았다.

전역 후 취업 3가지 방안에 대한 분석 방법 예시

구분	장점	단점	실현 가능성
일반 기업 취업	외향적인 성격 문제 해결 능력	수평적 의사소통 문제 경력직만 지원 가능	50%
창업 등 사업	근면 성실 강한 추진력 성공한다면 큰 수익	창업 자금에 대한 부담 창업 지식 부족	30%
군무원 또는 예비군 지휘관	익숙한 업무와 문화	군 생활의 연속 전공 살리기 어려움	70%

물론, 전역 후 진로 방향에 대해 이 표만 그려본다고 해서 결정할 수 있는 것은 아니다. 그렇지만 이러한 방법으로 표를 작성해서 분석하다 보면 각 방향에 대한 정보도 찾게 되고, 데이터가 많이 쌓이면 진로를 결정하기가 용이해진다. 그리고 자신이 미처 고려하지 못했던 것들도 확인할 수 있다.

그러나 대략적인 목표는 세워야 했기에, 나를 분석하면서 심사숙고했다. 나는 '첫 번째인 일반 기업에 취업하는 방향으

나는 군 경력으로 취업했다

로 전역 준비를 하고, 실현 가능성이 낮을 경우 세 번째 방향으로 선회하는 것'으로 정했다. 전역 전까지 여러 회사의 채용 전형에 지원했다가, 안 되면 시험을 준비하는 것으로 전략을 세웠다. 이러한 방향을 정하는 데 있어서 위의 표를 활용하여 장단점 분석도 많이 고려했지만, 나는 전역 후 완전히 새로운 길을 가고 싶었던 마음이 컸다.

군인은 전투를 할 때 기본 계획과 예비 계획 그리고 우발 계획까지 만드는데, 전역 후의 진로를 정할 때도 기본 계획과 예비 계획을 고려해보았다. 내가 예시로 제시한 표는 진로 방향을 정할 때 활용했던 것 중 하나다. 지금 전역을 준비하고 계신 군 선후배들 중에 진로의 방향을 정하지 못한 분이 있다면, 이런 방법도 유용할 수 있다. 방향을 정하지 않고 혼자 고민해봤자, 답이 안 나오거나 목표만 계속 변한다.

(4) 다시 돌아보는 나의 전역 준비 과정

앞서 말했듯이 나의 전역 준비 과정이 매우 훌륭한 사례는 아니다. 다만, 내가 전역 준비를 하면서 좌충우돌한 것도 전역을 준비하는 분들에게 도움이 될 것이라고 생각했기 때문에 사실 그대로를 쓴 것이다. 나의 전역 준비 과정을 보면 마냥 열심히 했을 것 같지만, 그것을 준비하는 과정에서 나도 모르게 찾아드는 불안감과 공허함은 내가 극복해야 할 몫이었다.

전역을 준비했거나 지금 준비하고 있는 현역들이 슬럼프를 겪는다는 것이 어떤 느낌인지 공감할 수 있을 것이다. 그 당시 나는 앞이 보이지 않는 어두운 터널을 손전등 하나만 들고 서 있는 느낌이었다. 그리고 그 어두운 터널을 빠져나가려고 혼자 이리저리 부딪히는 기분이었다. 그 터널에서 뒤로 돌아보면 환하게 평온한 세상(군 생활)이 있는데, 편안하게 안주하고 싶은 마음이 없었다면 거짓말일 것이다. 이런 고민을 하고 있거나 했던 선후배들이 분명 많을 것이다. 나도 그랬다.

그러나 힘든 상황에서도 나의 역량 키우기에 집중했던 결과가 언젠가는 반드시 돌아온다는 것을 이직하고서야 알게 되었다. 사이버 보안 석사 과정 덕분에 대한항공에서 정보 보호 정책 업무도 하고 항공 사이버 보안 및 정보 그룹장으로 관리자를 맡을 수 있었다. 그리고 그 당시에 했던 토익 공부와 영어 회화 공부 덕분에 2018 평창 동계올림픽 대회에서 외국인들과 소통할 수 있었고, 회사에서 외국인 상급자를 모시면서 소통할 수 있었다. 배운 것은 언젠가 꼭 써먹을 날이 온다. 노

나는 군 경력으로 취업했다

력은 언젠가 자신에게 결과로 꼭 보답한다. 그러니 그날까지 절망하지 말고 힘내야 한다.

» 5. 파견 근무에서 이직 기회를 얻다

(1) 새로운 자극과 깨달음

2016년 평창의 겨울, 칼바람을 맞으며 평창 동계올림픽 조직위의 파견 생활이 시작되었다. 나는 이미 전역을 결심한 장교였다. 그렇다면 나의 입장에서 가장 중요한 것은 전역 준비다. 앞으로 더 많은 날을 살아가기 위해 전역 후 직업을 가질 준비를 할 시간이 필요하다. 파견 근무지에는 군 상급자가 없었기 때문에 좀 더 자유로운 생활을 기대하기도 했다. 한편으로는 근무 환경을 잘 모르기 때문에 나의 전역 준비를 제대로 하지 못할 것 같은 걱정도 있었다. 그렇게 나는 그 당시 전역 준비에만 집중하고 있었다.

그러나 파견 근무가 시작되면서 나의 생각이 변했다. 나는 조직위원회 안전관실 안전기획팀에 보직되었는데, 그곳에는 국가정보원, 경호처, 경찰청, 소방, 국방부(기무사), 교육청. 지자체 등 다양한 기관으로부터 파견을 온 분들이 계셨다. 새로운 환경에서, 내가 몸담고 있는 기무사의 명예에 누가 되지 않을까 걱정이었다. 그래서 파견 나온 다른 기관들에 부끄럽지 않기 위해서 어쩔 수 없이 정말 열심히 근무할 수밖에 없었다.

파견 근무 초기에는 초임 장교처럼 새로운 업무에 대한 부담감과 책임감이 항상 나의 어깨를 누르고 있었다. 그렇게 초임 장교 같은 나의 파견 근무가 시작된 것이다. 지금 생각해보면 그 파견 근무는 나를 성장시키는 엄청난 혜택이었다. 그곳에서 정말 많이 배우고 성장할 수 있었다. 평창에서 배우고 느낀 것은 많지만, 이직과 연계해서 핵심적으로 3가지 정도 배웠던 점을 간추려보았다. 이 내용은 직업 군인이 전역 후 사회생활을 하게 되면 한 번은 꼭 넘어야 할 도전이라는 관점에서 고민해주길 바란다.

① 배움 1 – 실용적인 영어 회화 능력을 키우다

평창 동계올림픽 조직위에서 처음 자극을 받았던 것은 파견 나간 지 얼마 되지 않았을 때의 일이다. 당시 팀 내 회의를 할 때마다 나보다 먼저 파견을 온 분들은 국제 올림픽위원회 (IOC)에서 사용하는 약어를 사용해서, 나는 무슨 뜻인지 이해하지 못하는 경우가 많았다. 평창에서는 IOC에서 사용하는 약어를 암기해야 대화가 되고 업무를 할 수 있다. 군대에서도 군대 용어를 알지 못하면 업무를 잘 이해할 수 없는 것과 같은 이치다. 특히 타 부서와의 협조 회의를 잊지 못한다. 내가 파견 온 지 며칠 안 되었을 때다. 국정원에서 파견 오신 팀장님이 다른 회의가 있어 바쁘다며 나보고 대신 회의에 다녀오라고 했다.

나는 순간 당황했다. 나는 '아직 내가 제대로 아는 것이 없는데…' 두려웠다. 팀장님은 나의 표정을 읽고 "회의에 참석해서 그 자리에서 결정하지 말고, 우리가 결정해야 할 것들을 잘 듣고 오라"라고 했다. 나는 '군을 대표해서 왔다'라는 사명감을 갖고 무거운 발걸음으로 회의실로 들어갔다. IOC 관계자들과 진행하는 회의였다. 나는 파란 눈의 외국인을 본 순간 얼어버렸다. 입이 자동으로 닫히고 귀도 점점 멀어진다. 결국에는 "My name is…" 하며 어린이 수준의 영어로 나를 소개했다. 영어를 잘하는 분들이 많았는데, 그 당시 너무 부끄러웠다. 나는 전역 준비 차원에서 토익 공부를 하면서 어느 정도 영어 회화는 가능할 것이라고 생각했는데, 정말 너무 부끄러웠다.

그 이후부터 영어를 잘하고 싶어서, 같은 사무실에 계시는 동시통역을 담당하는 분에게 "어떻게 하면 영어를 잘할 수 있어요?"라며 수시로 자문을 구했다. 그 덕분에 영어를 더 부지런히 공부했다. 아침에 일어나면 CNN을 틀어놓고 아는 표현이 나오면 입으로 궁시렁거렸다. 그리고 조직위 직원에게 복지로 제공되었던 전화 영어도 도움이 되었다. 토익 공부를 하다 보면 문어체 식으로 대화를 풀어가는 경향이 있다. 그런데 자주 사용하는 표현들을 자주 듣고 암기하고 말하다 보니 어느 순간 조금 자연스러워졌다.

그렇게 부끄러운 역사로 남은 외국인과의 첫 회의는 나에게 큰 자극이 되었다. 그리고 그곳에서 자연스럽게 할 수 있는 영어 회화 능력을 키우는 것이 목표가 되었다. 그래서 나는 퇴근 후 사무실에서 사이버 보안 전공 석사 과정 공부 외에도 영어를 한 시간 이상 공부했다. 조직위 사람들과 저녁 식사 약속이 없을 때 거의 밤 11~12시쯤 숙소로 돌아갔다. 영어는 최소한 시간 공부를 했다. 이때에는 토익 공부는 하지 않고, 회화 관련 책을 보고 혼자 대화하듯이 계속 말을 했다. 대학원 공부를 하다 보면 슬슬 졸음이 쏟아지는데, 영어 공부를 할 때에는 입으로 계속 말을 하다 보니 잠도 깨고 도움이 되었다.

그리고 평창 동계올림픽 조직위에 파견 근무를 하면서 많은 외국인들을 만난 것이 도움이 되었다. 그런 경험 덕분에 외국인을 만나도 긴장을 하지 않는다. 그리고 전역 후 회사에서 외국인 상급자에게 보고를 하거나, 해외 출장으로 새로운 멤버들과 대화를 해도 부담감은 없어졌다. 현재 소속된 회사 채용 시험을 볼 때도 영어 면접이 있었다. 기업마다 다를 수 있지만 경력직 채용에서 영어 점수는 그냥 참고용 정도였고, 실질적인 영어 회화 능력을 중요하게 생각하는 것 같았다. 지금 회사에서 면접을 볼 때도 외국인 임원과의 면접이 있었다. 따라서 토익 점수가 어느 정도 나온다고 생각이 들면, 실용적인 영어 회화 능력도 키워보기를 권한다.

② 배움 2 – 수평적 커뮤니케이션 능력을 배우다

군대의 의사소통은 상명하복이다. 상명하복이 익숙한 나에게 평창 동계올림픽 조직위 생활은 쉽지 않았다. 국정원에서 파견 오신 팀장, 국장님과는 큰 문제가 없었다. 군에서 주변 동료들과 무탈하게 근무했고, 대외 업무를 하는 데 문제는 없었다. 그러나 조직위 구성원 중 다른 기관에서 파견 온 분 또는 민간 채용으로 오신 분들과는 소통하는 데 약간의 어려움

나는 군 경력으로 취업했다

이 있었다. 그 이유를 지금 다시 생각해보면, 나에게 수평적 의사소통 능력이 부족했기 때문인 것 같다.

`Episode` 소방 공무원과의 불화

나는 조직위에 소령 계급으로 파견을 갔었다. 소령은 군 내에서는 공무원의 4급 대우를 한다. 그래서 소령은 초과 근무 수당이 없다. 소령 계급을 국가 공무원 직급 기준표를 기준으로 하면 4급이다. 그러나 다른 기관에서는 소령 계급을 5급 또는 그 이하 대우를 한다. 그리고 실질적으로 다른 기관에 비해 5급 대우를 제대로 받지 못하는 경우가 많다. 아마 대외 업무를 해본 현역 또는 예비역이라면 잘 알 것이다. 조직위에서도 5급 사무관급을 각 팀장에 보직했다. 그러나 나는 그냥 실무자였다. 나도 모르게 무언가 조금 서운한 마음이 있었지만, 기무 부대원의 역량을 보여주지 않고 팀장 자리를 요구하는 것은 아닌 것 같다고 생각했다.

조직위에서 여러 직원들을 상대할 때도 기관 대 기관이기 때문에 나보다 직급이 낮다고 해서 하대한 적은 없었다. 직급이나 나이와 상관없이 항상 존대했다. 그러던 중 불미스러운 일이 있었다. 소방에서 파견 오신 분과의 일이다. 이분은 나보다 직급은 낮았지만 연세가 많았다. 나는 그분에게 항상 존대하며 예의 있게 행동했다. 그런데 그분이 어느 순간부터 나에게 반말을 하기 시작했다. 나는 '나와 친한 것도 아니고 나보다 직급이 높은 것도 아닌데 왜 반말을 할까?'라고 고민했다. 서로 다른 기관인데 예의는 있어야 하는 것은 아닌가 하는 생각을 했다.

그분이 나에게 반말을 해서 불쾌했지만 계속 참고 있었는데, 어느 날은 나에게 업무를 지시하는 투로 반말을 해서 더이상 참을 수 없었다. 그래서 나도 불쾌하다는 뉘앙스로 "저한테 반말하지 마세요! 서로 다른 기관에서 왔고, 제가 매니저님보다 직급이 더 높습니다"라고 말했다. 그러자 그분도 화를 내면서 자신이 쓰고 있던 샤프를 자기 책상에 던졌고, "그래, 반말 안 할게!"라고 화를 내고 나가버렸다. 나는 '연세 많은 분에게 너무 심했나'라는 생각도 들었지만, 상호 예의가 없는 것을 참을 수는 없었다. 그래서 팀장님께 "기관 대 기관으로 파견 나와서, 예의는 지켜야 한다"라고 말씀드렸다.

결국 그분은 국장님으로부터 호출을 받아 지적을 받았다. 그리고 나도 호출을 받았다. 국장님은 "이 건은 그분이 잘못한 것은 맞지만, 정 소령도 말을 부드럽게 풀어나가는 능력이 필요하다"라고 말씀하셨다. 나는 그때까지만 해도 '내가 그렇게 까칠한 사람인가?'라며 자책해보았지만, 나의 의사소통 능력의 부족함에 대해 전혀 인정하지 않았다. 그 이후로 그분과 한동안 서먹서먹했다. 몇 달 후 그분과 술 한잔하며 관계를 풀었다.

　내 의사소통 능력의 부족함으로 인해 발생한 이슈는 여기서 끝나지 않았다. 어느 날 군 관계자들이 조직위를 방문하는 일이 있었다. 나는 그분들에게 선물을 챙겨드리고 싶었다. 조직위 내 담당 부서 실무자에게 대령급 방문이 예정되어 있으니 올림픽 기념품을 지원해달라고 요청했다. 그런데 해당 기념품은 3급 이상 고위 공무원에게만 지원 가능하다고 했다. 그래서 나는 대령급이면 국가 공무원 3급에 해당한다고 설명했지만 받아들여지지 않았다. 그 담당자는 지자체 7급 공무원이었다. 나도 모르게 비꼬는 말투로 그 담당자를 하대했고, 직급에 대해 설명하며 말다툼이 있었다.

　그 담당자와 말이 통하지 않아 답답해서 국장님께 기념품을 대신 받아달라고 요청했다. 국장님은 그 기념품을 받을 수 있게 그 담당자의 관리자 분들과 부드럽게 통화한 후 내가 기념품을 받을 수 있도록 도와주셨다. 그러면서 국장님은 "정 소령! 업무는 정말 잘하는데, 의사소통하는 방법이 아쉽다"라고 하셨다. 갑자기 머리가 멍해졌다. 국장님이 군 상급자는 아니지만, 조직위에서는 나의 2차 상급자였다. 그래서 그런 분에게 지적을 받는 것이 마음이 불편했다. 그때도 나의 의사소통 방법에 문제가 있다고는 생각하지 않았다. 나는 그 당시에도 국장님의 지적을 이해하지 못했던 것이다.

**올림픽 시설 및 물자 자산 보호 관련 국방부 지원을
요청받기 위한 의사 결정 과정 문제**

올림픽과 패럴림픽 대회 일자가 다가오고 있었지만, 조직
위에는 대회 운영을 위한 예산이 부족했다. 각 경기장에 배치
할 물자와 장비들이 많아서 민간 경비 업체를 배치하여 물자
보호가 필요했다. 그러나 민간 업체의 경비 인력을 배치하려
면 많은 예산이 필요했다. 그래서 조직위는 대회 일자 전부터
각 경기장의 물자 보호를 위해 군 병력 파견을 요청했었다. 나
는 국방부와 조직위 사이에서 업무 협조를 하는 일도 맡고 있
었다. 그런데 국방부에서는 전투복을 입고 올림픽 경기장 주
변에서 자산 보호 활동을 하는 것은 받아들이기 어렵다며, 조
직위 유니폼과 숙소, 식사 등을 지원해달라고 했다.

그런데 조직위는 유니폼은 대회 기간에 사용하는데 수량
이 정해져 있기 때문에 유니폼 지원이 어렵다고 했다. 그리고
대회 기간 평창과 강릉 일대에 숙소로 활용할 수 있는 곳이 없
어서 숙소 지원도 어렵다고 했다. 나는 조직위와 국방부 중간
에서 참 난감했다. 그렇지만 국방부에서 요청한 것을 반영하
기 위해서 관련 부서와 수차례 협조 회의를 했다. 그런데 이 과
정에서 나의 의사소통에 또 문제가 발생했다. 내가 "조직위에
서 국방부 요청 사항을 받아들이지 않는다면, 나도 더 이상 협
조를 하지 않겠다"라며 조직위 직원들을 일방적으로 몰아쳤기

때문이다.

　일방적이고 통보식인 나의 의사소통은 관계 부서 담당자들을 불편하게 했다. 그 담당자들도 지원해줄 수 있는 유니폼과 숙소가 한정되어 있는데, 무조건 군을 우선적으로 지원하는 것은 쉽지 않았기 때문이다. 그 담당자들도 나의 일방적인 의사소통이 불쾌하다 보니 나에게 좋은 말이 나오지 않았다. 심지어 나에게 "말이 너무 심한 것 아니냐?"라며 화를 낸 분도 있었다.

　그 이슈는 계속 해결되지 않아 조직위 사무총장이 해결해야 하는 회의 수준까지 도달했고, 조직위 담당 부서 실무자들은 어쩔 수 없이 해결 방법을 찾아 국방부 요청 사항을 수용하는 것으로 결정하였다. 결론적으로 조직위는 경비 업체를 채용하지 않아 예산을 절감할 수 있었고, 국방부는 자산 보호 활동 지원 장병들에게 유니폼과 숙소를 제공할 수 있게 되었다. 내가 일방적으로 몰아치지 않았어도 결국 해결될 수 있는 이슈였다. 돌이켜보면 그 당시 나는 전형적인 군인 식의 의사소통을 했던 것 같다.

수평적 의사소통 능력 부족에 대한 깨달음

　3가지 에피소드만 이야기했지만, 나의 의사소통 방법으로 인해 오해가 몇 차례 있었다. 그러나 나의 의사소통 능력에 문제가 있다고 느낀 것은, 파견 근무가 막바지에 이르렀을 때다. 나는 군의 수직적 문화에 익숙해져 있었던 것이다. 현역 또는 예비역들도 나와 비슷한 형태의 의사소통 방법에 익숙할 것이다.

내가 수평적 의사소통 능력이 부족하다고 인정하는 내용을 언급하는 이유가 있다. 대부분의 현역 또는 예비역들이 자신의 의사소통 능력에 대해 문제점을 못 느끼는 사례를 많이 봤기 때문이다. 회사에 취업한 예비역들이 가장 힘들어하는 것이 의사소통 기술이다. 대부분 자존감이 너무 높고, 상대방의 입장이나 의견을 경청하지 않는다. 자신의 입장만 고수하는 경우도 종종 보았다. 나 또한 군 생활 12년이 몸에 배어 있다 보니, 수평적 의사소통을 잘한다고 말하기는 어렵다.

나도 아직까지 회사 생활을 하면서 의사소통하는 데 실수하지 않으려고 노력 중이다. 기업 환경이 수직적 문화에서 수평적으로 변화했다. 기업들의 특성상 어떤 이슈가 발생하면 관련된 여러 부서들과 협의하고 조율해야 한다. 이때 관련 부서들과 협조하려면 수평적 의사소통 능력이 매우 중요하다.

군 또는 공무원 출신이 기업에 경력직으로 채용되어 업무를 하다가 기업 환경에 적응하지 못하거나 소외되는 경우가 종종 있다. 또한 군 또는 공무원 출신 경력직은 실무자일 때는 수평적 의사소통을 잘하다가, 관리자가 되면서 일방적인 의사소통으로 인해 팀원들과 갈등을 빚는 경우도 있다. 군 또는 공무원 출신들이 엄격한 수직적 구조에서 일방적 의사소통 방법으로 업무를 하다가, 기업 환경에서 업무하는 것이 쉽지는 않을 것이다. 그래서 전직 또는 이직을 생각한다면 수평적 의사소통을 할 수 있도록 책을 통해서라도 배워야 한다.

(2) 파견 근무에서 나의 능력 증명하기 - 3가지 주요 업무

① 바닥부터 연구해서 기획한 관계 기관 대테러 종합 훈련

2017년 봄, 평창의 매서운 바람이 잦아들면서 점차 봄이 오고 있었다. 너무 추워서 두꺼운 외투만 입고 다니다가, 두꺼운 외투를 벗고 다니니 봄이 오는 것을 느꼈다. 평창의 맑은 하늘과 청명함은 아직도 기억한다. 그렇게 봄을 느끼고 있을 때쯤 나는 올림픽 조직위 업무에 어느 정도 적응하고 있었다. 그렇게 평창에서의 업무 환경에 적응을 하면서, 나에게 엄청난

무게의 업무가 하달되었다. 내가 한 번도 해보지 않았던 대테러 종합 훈련을 준비하라는 것이다. 원래 경찰 또는 소방에서 파견 오신 분이 담당하기로 하였는데, 그분들에게 다른 업무가 많아서 이 업무는 나의 몫이 되었다.

"에휴…." 나도 모르게 한숨이 나온다. 어떻게 해야 하나 고민이 많았다. 국정원에서 오신 팀장님은 어떤 방향으로 준비해야 한다며 방향은 설명해주셨다. 그리고 원래 담당자인 분도 내가 불쌍했는지 대략적인 설명은 해주었다. 조직위 주관으로 준비하는 대테러 종합 훈련은 평창경찰서, 경찰특공대, 36사단, 원주지방환경청, 평창군, 강원도, 평창소방서 등이 함께 진행해야 했다. 훈련 준비는 올림픽 대회 기간에 예상되는 대테러 위협에 대한 시나리오를 먼저 만들고, 각 기관이 상호 원만하게 협조하면서 훈련이 되도록 진행해야 한다. 조직위 예산이 부족하여 강원도와 평창군에 예산을 협조해야 했다. 예산을 지원하는 강원도와 평창군은 훈련과 관련하여 조직위에 요구하는 사항이 많다. 약 7개 기관의 요구 사항을 가지고 업무 협조를 하는데, 나는 훈련 준비 단계부터 진이 빠질 정도였다.

가장 힘들었던 것은 경찰특공대가 참여 여부를 계속 번복한 것이다. 시나리오상 경찰특공대가 헬기에서 레펠로 내려와야 하는데, 헬기 프로펠러 영향으로 훈련 장소에 앉은 내빈석에 모래바람이 불어 위험하다는 것이다. 그들이 제기하는 이유는 이해했지만, 그들은 하루 이틀 사이에 참석 여부를 계속 번복하였다. 이로 인해 나의 스트레스는 극도로 올라갔고 더 이상 경찰특공대를 부르고 싶은 생각이 없었다. 그래서 나는 36사단에 근무하는 선배에게 전화하여, 사단 헌병 특임대를 협조했다. 그런데 경찰 측에서 몇 차례 계속 번복하다 보니, 나도 36사단 헌병 특임대 참석 요청을 계속 번복해야 했다. 나는 중간에서 정말 짜증과 화가 치밀어 올랐다. 결국 경찰특공대가 참석하는 것으로 종결된 해프닝이었다.

훈련 시나리오에는 올림픽 대회 상황을 가정하여, 국제 방송센터에서 드론테러, 화생방테러, 인질 납치 분야를 중점으로 다뤘다. 관계 기관과 여러 차례 회의를 거쳐 훈련 시나리오를 완성했다. 대테러 종합 훈련을 앞두고 조직위 임원 회의에 참석하여 훈련 계획에 대해서도 브리핑을 하였다. 갑자기 높은 분들 앞에서 브리핑을 하다 보니 많이 긴장했던 기억이 난다. 브리핑이 끝나고 어떤 분은 나에게 "합참에서 작전 브리핑하는 느낌이다"라고 말씀하셨다. 그렇게 보고가 끝나고, 드디어 대테러 종합 훈련 리허설과 실제 훈련 날이 나를 기다리고 있었다.

훈련 준비 과정에서 시나리오부터 예산 계획 및 집행까지 모든 것을 나 혼자 처리해야 했다. 훈련 리허설과 당일에 참여

하는 분들에게 나눠줄 간식과 식사비 예산 및 집행도 나의 업무였다. 나는 비용을 조금이라도 절약하기 위해 인근 부대 PX 관리관에게 협조를 구했다. 그리고 알펜시아 식당에 찾아가 협조하여 밥값도 할인을 받았다. 비디오 촬영 업체, 드론 시연을 보여줄 업체 계약 등 정말 정신없었다. 훈련을 준비하면서, 하나부터 열까지 내 손이 가지 않은 곳이 없었다. 몸이 열 개라도 모자라는 상황이었다.

그렇게 우여곡절 끝에 훈련 리허설 일자도 지나고 훈련 당일이 왔다. 조직위에 훈련 예산을 지원해주었던 강원도 담당 부서에서는 훈련 당일까지 말이 없다가, 리허설 일자에 나타나서 훈련 방식에 대해 다른 의견을 내기 시작한다. 나의 성격도 만만치 않아서 큰 언성이 오가며 싸우기도 했었다. 그러다가 안정을 취하고 마지막에는 차분하게 조율했다. 쉬운 것이 하나도 없다. 그렇게 당일 훈련 시작을 몇 시간 앞두고 경찰특공대 대원이 나에게 찾아왔다. 그 경찰은 "마이크 앰프가 좋은데, 노래 하나 틀어주세요"라고 부탁했다. 그때 그 곡이 마마무의 '데칼코마니'였다. 지금도 그 노래를 들으면 그때의 긴장이 떠오른다.

점심을 든든하게 먹고, 그렇게 오후 2시부터 훈련이 시작되었다. 나는 훈련 시에 총감독으로서 무전기를 들고 각 기관들에게 훈련 진행 사항을 통제했다. 그러면 참석한 모든 기관들이 훈련 시나리오에서 각자의 타이밍에 맞춰 그 상황에 대응한다. 실제 훈련에는 한 치의 오차 없이 부드럽게 진행되었다. 훈련이 모두 끝나고, 정말 쓰러질 정도로 진이 빠져버렸다. 마지막 정신줄을 잡고, 참여한 기관들에게 감사 인사를 한 다음 사무실로 돌아왔다. 너무 기운이 없어서 퇴근하려고 했더니 국정원에서 온 팀장님이 고생했다며 치맥을 사주셨다. 나는 치맥으로는 성에 차지 않아서 노래방까지 가서 소리를 지르고서야 스트레스가 풀렸다. 그날 저녁 집에 돌아가서, 정말 뻗어버렸다.

다음 날에는 여름임에도 으슬으슬 몸살 기운이 왔지만 사무실로 출근했다. 사무실 직원들뿐만 아니라 조직위 타 부서에서도 '훈련이 정말 멋있었다', '훈련이 성과 있게 잘 마무리되었다'라고 칭찬을 많이 해주셨다. 특히 삼성가 사위인 김재열 조직위 국제 부위원장이 맛난 식사도 사주시면서 격려를 해주셨다. 그분과 함께 식사를 하는 것은 나에게 큰 영광이었다. 그리고 조직위 주관으로 하는 첫 대테러 종합 훈련을 통해 내가 소속된 안전관실의 위상이 올라갔다. 이는 또한 나의 역량을 사람들에게 알릴 수 있는 좋은 기회였다. 대테러에 대해 잘 모르던 내가 열심히 준비했던 결과가 좋아서, 나는 그 당시까지 느껴보지 못했던 보람도 느끼고 자존감도 올라갔다. 아직도 그날을 잊을 수가 없다.

대회 기간 보안관제센터 부센터장으로 근무

② 구축 담당과 운영 담당 사이의 밀당 - 보안관제센터 구축

대테러 종합 훈련이 무사히 종료되자, 또 다른 큰 과업이
나에게 배정되었다. 당초 경찰에서 파견 온 분이 보안관제센
터를 구축하여 경찰 모니터링 인력을 지원받아 운영하는 것으
로 진행되고 있었다. 그런데 경찰 측에서 대회 기간 인력 지원
이 어렵다고 회신하자, 국장님은 나에게 과업을 재배치하였다.
이 의미는 보안관제센터에 군 병력을 지원받아 운영하기로 계
획을 변경한 것이다. 이 업무를 담당해오셨던 분이 나에게 업
무를 이전하다 보니, 그분 입장에서 서운한 마음이 있었을 것

이다. 나도 중간에서 애매한 상황이었다. 그렇다고 "저는 못하겠습니다"라고 할 수 있는 상황도 아니었다. 나는 어쩔 수 없이 업무를 인수받았다.

　업무를 인수받고 나니, 당장 겨울 전에 보안관제센터를 구축 완료해야 하는데 현재까지의 업무 진행이 많이 지연되어 있었다. 보안관제센터를 구축하려면 각 경기장마다 사각 지역이 없도록 CCTV 위치를 확정해야 한다. 그 후 CCTV 설치와 배선 공사를 해야 하고, 보안관제센터 운영을 위한 인력 배치, 근무 방법, 솔루션에 따른 운영 방안 등을 만들어야 한다. 그런데 가장 최우선 단계인 CCTV 공사 일정부터 협조가 되지 않았다. 대회 기간은 다가오고, 나 혼자 어떻게 해야 하나 끙끙 앓고 있었다.

　보안관제센터 구축은 정보통신국이, 운영은 안전관실이 담당한다. 후원사인 KT가 있었고, KT 협력사들도 함께 일해야 한다. 정보통신국 담당자가 다른 업무로 바빠서, 보안관제센터 구축 작업이 지연되었다. 나는 국장님이 진행 경과를 질문할 때면 혼자 속이 타서 어쩔 줄 몰랐다. 그래서 나는 KT 직원과 함께 정보통신국 담당자에게 수차례 찾아가서 구축 공사를 기한 내에 진행할 것을 요청했다. 그러나 담당자는 다른 과업이 있어 어렵다고 한다. 결국 최초 목표로 했던 공사 시작일에 진행되지 못했다.

이제는 더 이상 정보통신국 담당자의 상황만 기다릴 수는 없었다. 그래서 정보통신국과 싸움이 날 수 있다는 점도 불가피하게 예상하며, 조직위 임원회의 이슈로 제기했다. 국장님도 이렇게 하지 않으면 진행이 어렵겠다고 판단하신 것 같다. 임원 회의에 이슈로 제기하여, '정보통신국의 보안관제센터 구축이 계속 지연되고 있으니, 대책 방안을 제시해달라'라고 했다. 그 결과 공사 계획이 급물살을 타기 시작했다. KT 담당 임원분도 평창이 가을만 되어도 영하권 날씨가 되는데, 공사를 빨리 진행해야 한다고 정보통신국을 설득했다. 그리고 주간 단위로 정보통신국, 안전관실 담당자 주관으로 KT 관계자들과 회의를 하며 진행 경과를 확인했다.

결국 최초 목표했던 것보다 늦었지만, 공사는 잘 마무리되었다. 주변에서 공사 진행 경과를 보고 "정 소령! 역시 군인이라 그런지 진도를 제대로 빼는 것 같다"라고 칭찬하시는 분도 계신다. 이제는 나의 몫이다. 운영 인력을 지원받아야 하고, 운영 방안을 기획해야 한다. 국방부와 운영 인력 지원을 협의하여 36사단 1개 중대 병력을 지원받았다. 3교대 주야간 돌아가며 근무하는 것으로 계획했다. 여기까지는 보안관제센터의 기본 기능이다.

대테러와 보안에 전문가이신 국장님은 보안관제센터의 기능을 강화하기 위해 기본 기능 외 3가지 지시를 하셨다. 국장님은 국제대회 관련한 대테러 및 보안 업무를 많이 하셔서 그런지, 보통 사람들이 생각하지 못하는 아이디어가 많은 분이셨다. 이러한 리더의 통찰력 덕분인지 국내외 언론에서도 안전 올림픽으로 호평을 받았다. 어쨌든 첫 번째 지시 사항은 공중 자산을 통해 공중 영상이 보안관제센터에 나오도록 하는 것이고, 두 번째는 드론 탐지와 이에 대응할 수 있는 체계를 갖추는 것이고, 마지막 세 번째는 국가 재난망을 통해 각 경기장에 배치된 보안 담당들의 위치를 파악하며 무전망을 갖추는 것이다.

먼저 첫 번째 지시 사항인 공중 정찰과 관련해서는 미 국무부를 통해 연합사와 협조하였고, 주한미군의 무인기를 대회 기간 동안 평창, 정선, 강릉 일대에 운영하기로 하였다. 대회 기간 보안관제센터에 실제로 미군들도 함께 근무하면서 공중 영상도 함께 공유하였다. 미군들은 추운 겨울임에도 양양 어느 야지에 주둔하면서 정말 헌신을 다했다. 그리고 이외에도 대회 개폐식 행사가 진행되는 평창 올림픽 스타디움 지역에 전술 비행선을 띄워서 개폐회식 특이 상황과 주변 교통 상황까지 파악할 수 있었다. 전술 비행선을 유콘시스템 측으로부터 저렴하게 대여하기 위해 대전을 수차례 다녀가며 협조를 구했었다.

두 번째 지시 사항인 드론 탐지와 대응은 대회 기간 드론으로부터 경기 운영을 방해받지 않도록 하는 것이 목적이다. 최초의 대응 체계는 네덜란드 경찰에서 독수리를 활용해서 드론을 차단하는 것을 보고, 대회 기간 전통과 첨단의 만남처럼 독수리로 드론에 대응하는 것을 고안했었다. 국장님은 평창 동계올림픽에서 한국의 전통적인 것과 첨단이 어우러지는 보안 체계를 보여주고 싶었던 것이다. 그래서 대전의 무형 문화재 보유자인 '전통매사냥' 선생님을 찾아가 부탁했었다. 선생님은 몇 달 독수리 훈련을 시키더니, 독수리가 드론으로 인해 다칠 수 있기 때문에 어렵다고 답이 왔다. 그래서 서울대생으로 구성된 스타트업 회사에서 제작한 그물 드론을 가지고 2개 팀에 투입하였다.

　세 번째 국가 재난망을 활용하여 보안 담당자들의 위치를 파악하고 단독 무전망을 구축하는 것이다. 그 당시 정말 운 좋게도 국가 재난망 담당 부처인 행안부에서 평창 동계올림픽 지원에 관심이 있었다. 당시 담당 사업자였던 SK텔레콤과 함께 구축하여, 보안 담당자들의 위치 확인과 무전망 구축이 쉽게 될 수 있었다. 올림픽 후원사인 KT가 보안관제센터 구축 사업을 했었는데, SK텔레콤에서 국가 재난망 사업과 관련해서 들어오다 보니 애매한 분위기는 있었다. 그러나 내가 중간에서 애매한 분위기를 없애고 올림픽이라는 대의를 위해 함께 최선을 다하자고 설득하였다. 이때 KT와 SK텔레콤에서 함께

구축 사업을 했던 분들과 인연이 되어 아직도 만남을 이어가
고 있다.

③ IOC(International Olympic Committee) 및 각국 NOC(National Olympic Committee)들을 감동시켰던 비상 대피 계획

2018 평창 동계올림픽을 앞두고 2017년 연말이 다가올수
록 북한의 미사일 도발이 계속되었다. 북한의 미사일 도발 전
부터 각국의 NOC에서 조직위를 찾아와서, 북한의 미사일 도
발에 대한 안전 대책이 제대로 강구되었는지 확인하였다. 그
들은 북한의 미사일 공격이 시작되면 조직위의 계획은 무엇이
냐고 물었다. 그때 우리는 "군에서 군사 대비태세를 잘 유지
하고 있으며, 많은 군 병력들이 대회 기간 안전 활동에 참여한
다"라고 답변했다. 그렇지만 이 답변도 그들 입장에서는 불충
분했던 것이다.

그런데 실제 북한이 미사일 공격을 한다면 정말 준비는 잘
되어 있을지 의문도 들었다. 그래서 미사일 발사 시 대피할 수
있는 공간을 찾기 위해 지자체에 협조하여 평창과 강릉 일대
의 지하 시설들을 확인했었다. 그런데 평창 지역은 대부분 낮
은 건물들로 되어 있어서, 수많은 사람들이 대피할 지하 공간

이 없었다. 국장님은 여기저기 산을 다니며 "6·25때 쓰던 비밀 벙커라도 있는지 찾아보겠다"라고 며칠을 밖으로 나가 계셨다. 그리고 지역 기무반에 전화해서 혹시 그런 벙커가 없는지 확인해보라고 지시하셨다. 나는 지역 기무반에 주변에 벙커가 없는지 확인 요청을 했다.

그러다가 기무반에서 전화가 왔다. 비상 대피 벙커로 활용할 수 있는 곳은 평창에서 강릉까지 이어지는 KTX 대관령 터널 곳곳에 비상 상황을 대비하기 위해 만든 사갱 터널을 활용하는 것이었다. 국장님께 바로 보고를 해서 확인한 결과, 사갱 내에는 대형 버스가 회차할 수 있는 큰 공간도 있었다. '유레카'를 외칠 수밖에 없었다. 한국철도공사와 협조하여 대회 기간 비상 상황 대피 장소로 활용하는 방안을 만들었다. 그리고 국방부에 협조하여 각 사갱마다 무장 군 병력을 배치하고 비상식량과 화생방 상황을 대비한 방독면까지 비치했다. 그리고 비상 대피 계획을 군사작전처럼 만들었다. 각 장소에 배치될 대형 버스와 각 경기장 대피 동선 등을 순서대로 만들었다.

비상 대피 계획을 다 만들고, 평창 올림픽 대회 전 2017년 가을쯤 각 참가국 NOC들을 초청하여 Security Briefing 행사를 했다. 각국 NOC 위원들은 1군사령부에서 대략의 군사 대비태세 설명을 듣고 태권도 시범단 견학을 마친 후 평창 올림픽 대회 기간 비상 대피 장소인 벙커를 견학했다. 각국 NOC

위원들은 비상 대피 장소에 무장 배치된 군 병력과 화생방 물자, 비상식량까지 보며 안전 대책을 칭찬했다. 그리고 비상 대피 계획에 대한 상세 설명으로 각국의 NOC들을 안심시켰다. 행사에 참관했던 미 국무부 직원에게 "낮에는 일하고 밤에 와서 이 터널을 팠다"라고 농담까지 했다. 그렇게 브리핑 행사는 정말 멋지게 끝나고 큰 성과가 있었다. 비상 대피 계획을 만들기 위한 국방부와의 협조 업무는 매우 중요했고, 그 덕분에 여러 기관에서 온 분들로부터 나의 능력을 인정받을 수 있었다.

전 이석구 기무사령관 평창 올림픽 현장 지도 시 기념촬영

(3) 월드 클래스가 된 후 찾아온 이직 기회

　　미 국무부는 2017년 9월 조직위 직원에게 미국의 대테러 체계를 연수할 기회를 제안했다. 국장님은 내가 고생을 많이 했다며 나를 추천해서 함께 동행했다. 이것은 나의 인생에서 첫 해외 출장인 셈이다. 미국 본토도 처음 가는 것이라 너무 설레고 기뻤다. 마치 로또에 당첨된 사람처럼 행복했다. '고생 끝에 낙이 온다'라는 말이 틀린 것이 아니었다. 나는 기쁜 마음으로 올림픽 보안 계획 발표를 준비했다.

　　나는 국장님을 모시고 미 국무부 직원들과 함께 미국으로 떠났다. 워싱턴 DC에서 미 국무부, FBI 등 대테러 유관 기관들을 방문하고 올림픽 보안 계획에 대해 논의한 후 미 국무부 산하 OSAC(Overseas Security Advisory Council)에 멤버로 있는 올림픽 후원사들에게 '올림픽 보안 계획'을 브리핑하기로 했다. 그리고 뉴욕으로 이동해서 UN 정기 회의에 가서 미국의 대테러 체계를 현장에서 확인하는 일정도 있었고, 올림픽 방송국 IBC의 최대 주주인 미국 NBC 방송국 보안 관계자들과 올림픽 보안에 대해서 논의하는 일정도 있었다. 미국 대테러 업무 체계를 배워서 벤치마킹을 할 수 있는 좋은 기회였다.

FBI 방문 후 후버 빌딩 앞에서 기념촬영

　미국은 9·11 테러 사건 이후 대테러 업무에 대한 패러다임이 많이 바뀌었다고 한다. 미국은 각 정부기관뿐만 아니라 기업들에도 대테러 전문가들이 많이 근무하고 있었고, 그들의 대테러와 보안 업무에 대한 통찰력도 남달랐다. 그리고 뉴욕에서 개최된 UN 정기 총회의 대테러 업무를 현장에서 보면서 배워갈 것이 정말 많았다. 나에게 너무 좋은 기회였다. 틈틈이 외출했을 때 소소한 명소 관광도 잊을 수 없었다.

　미국 출장 일정이 그렇게 끝나고 돌아오는 비행기에서 많은 생각을 했다. 미국 정부기관과 미국의 유명한 기업들을 상대할 정도로 나는 월드 클래스가 되었는데, 올림픽이 끝나고 기무사로 복귀를 하면 군 생활을 잘할 수 있을지 걱정이 되었다. 이제 정말 전역을 해야 할 시기가 온 것 같다는 생각이 들었다. 미국 출장에서 돌아온 후 지역 기무반 직원들과 저녁 식사를 하고 있던 날이었다. 갑자기 국장님으로부터 전화가 와서, "너 대한항공 갈 생각 있어? 여기 경력직 뽑는데, 네가 딱 적임자인 것 같다"라고 하셨다. 나는 순간 멈추지도 않고 "네, 가고 싶습니다"라고 말씀드렸다.

그렇게 나는 한 번도 써보지 않았던 이력서를 작성해서 대한항공에 보냈다. 지금 생각해보면 군 생활밖에 모르던 사람이 이력서를 작성했으니 얼마나 서툴렀을지 부끄럽다. 그렇게 얼마 지나지 않아서 서류 전형에 합격했다고 통보가 왔고, 면접 일정을 통보받았다. 면접에는 영어 면접까지 포함되어 있다고 한다. 그 당시 올림픽 대회가 거의 다가온 상황에서 대회 준비 외에도 면접 준비를 위해 늦게까지 공부를 했었다. 그리고 내가 취업을 준비하고 있다는 것을 알고 미 국무부에서 추천서까지 작성해줬다. 추천서를 써준 분과는 아직도 연락을 하고 있다. 워싱턴 DC 출장을 가면 집에도 초대해주시는데, 내 인생에서 너무 감사한 분이다.

추천서를 써주신 미 국무부 고위 공무원 댁에 초대받아 식사하는 모습

긴장되는 면접일이 다가왔다. 나는 면접 전날 퇴근해서, 평창에서 KTX를 타고 대한항공 본사 근처 메이필드 호텔로 갔다. 그날 눈비가 와서 옷도 많이 젖었다. 면접 때 최상의 상태를 만들기 위해 영어로 계속 말했던 것 같다. 그리고 항공업계에 대한 이해가 없었기 때문에 항공업계 보안 분야에 대한 공부도 많이 했다. 면접일에 캐나다 국적의 전무님과 면접을 했는데, 올림픽 대회 후원사로서 보안 문제에 관심을 많이 가지고 계셨다. 그리고 올림픽 대회를 준비하면서 구축된 나의 국내외 네트워크가 너무 훌륭하다고 칭찬하셨다. 그리고 나는

이 회사 채용과 상관없이 올림픽 보안과 관련해서 내가 도울 수 있는 일이 있으면 알려달라고 했다. 다른 임원 면접에서는 항공 위협 정보 수집 방법과 어떻게 업무를 할 것인지 물어보는 등 일반적인 질문을 받았다. 그렇게 모든 면접이 끝나고 한 달 뒤 합격 통지가 왔다. 나는 정말 기뻤다.

올림픽 대회와 패럴림픽 대회를 마무리하고 2018년 3월 31일에 전역하였다. 그리고 4월 1일부로 대한항공에 입사했다. 희망을 잃어가던 군 생활이었는데, 새로운 곳에서 다시 인생을 시작할 수 있어 모든 것에 감사했다. 내가 어떻게 지금 이 자리까지 왔을까? 사람을 잘 만난 것도 있고 내가 전역 준비를 하기 위해 자력으로 관리를 한 덕도 있다. 그래서 나는 아직도 가만히 있으면 안 된다는 생각을 한다. 나는 지금도 정년 이후의 내 일을 찾거나, 또 다른 좋은 기회를 놓치지 않기 위해 나의 능력을 계발하려 노력하고 있다. 또 다른 나의 미래를 위해서 나는 지금도 여러 분야에 도전하고 있는 것이다.

» 6. 2막 2장, 회사 생활

현역 선후배들은 나에게 항상 안부 인사로 회사 생활은 어떠냐고 물어본다. 그들로서는 군 생활만 했으니 회사 생활이 궁금할 만하다. 그러면 나의 답변은 똑같다. "너무 좋아요. 군 생활에서 하지 못했던 것을 할 수 있고, 내가 일한 것에 대한 정당한 대가를 받을 수 있는 것이 좋아요"라고 답변한다. 실제로 나는 회사 생활을 하면서 나의 특기를 활용하여 재미있는 일들을 많이 했다. 그래서 궁금해하는 현역들을 위해서 나의 회사 생활 중 나의 업무와 연계해서 재미있었던 것들을 몇 가지 모았다.

(1) 글로벌 항공 위협 네트워크 구축

내가 채용되었던 주된 이유는 당시 고 조양호 회장님의 뜻에 따라 보안을 강화하기 위한 것이었다. 당시 경호처, 경찰청, 기무사 출신 경력직 직원 3명을 채용했는데 이는 회사 채용에서 전례가 없었다. 나는 본래 항공 위협 정보를 수집하고 분석하는 전문가로 채용된 것이다. 대한항공뿐만 아니라 모든 국내 항공사에서 항공 위협 정보를 수집하는 것은 오픈 소스에서 확인하거나 정보기관에 협조하여 정보를 받는 것이 전부였다. 회사에서는 깊이 있는 정보를 얻기 힘들다 보니, 운항 여부를 결정하는 데 어려움이 많았다고 한다.

회사에 입사해서도 곧바로 이 업무를 시작할 수는 없었다. 전에는 기무사라는 타이틀이 있었지만, 이제는 평범한 회사원인 것이다. 그렇다고 경력직을 뽑았는데 가만히 있을 수는 없었다. 그래서 회사원으로서 글로벌 항공 위협 네트워크를 만들기 시작했다. 가장 먼저 시작한 것은 미 국무부의 OSAC(Overseas Security Advisory Council)에 가입하는 것이었다.

OSAC는 미 국무부에서 창설한 민관 정보 공유 협의체다. 당연히 한국 기업은 OSAC에 가입할 수 있는 자격이 없다. 그런데 나는 평창 동계올림픽 때 미 국무부를 많이 도와준 것을 빌미로 가입시켜달라고 계속 요구했다. 처음에는 OSAC에서 규정에 따라 바로 거절했다. 그래서 미 국무부에 있는 인맥을 모두 동원해서 총공세(?)를 퍼부었다. 나도 메일로 '나는 올림픽 때 미국을 도와줬는데, 정말 나 가입 안 시켜줄거야?'라며 계속 요구했다. 6개월이 지나서 가입 승인 통보가 왔다. 입사했던 그해 11월 연례 회의부터 참석했다. 가입 조건이 하나 있었는데, 나는 스페셜 케이스로 가입했기 때문에 이 직위는 대한항공 타 직원에게 인수인계할 수 없다는 것이었다. 어쨌든 나는 지금도 OSAC의 AVSC(Aviation Sector Committee) 멤버로 활동하고 있다.

OSAC AVSC 멤버들과 정기 모임 후 기념촬영

그리고 국내에서는 국정원 기업 안전 협의회에 가입해서 국내에서도 정보를 주고받을 수 있는 채널을 확보했다. 여기에서 멈추지 않았다. 회사에서 가장 우려하는 노선인 중동 지역 채널을 만들고 싶었다. 마침 레바논에 있는 동명부대와 인연이 닿아 운이 좋게도 MOU를 체결할 수 있었다. 동명부대는 이 지역에서 대민사업을 하고 있어서 대한항공, 인하대병원과 함께 귀가 들리지 않는 레바논 아이들을 초대하여 의료 지원을 해주었다. 우리는 이것을 'Happy Miracle'이라고 이름을 붙였다. 이 행사로 인해 레바논 등 중동 지역에 자주 갔다. 그러면서 레바논 라디오에도 출연했다. 그리고 우연한 기회에 레바논군과 접촉할 수 있었고, 이들과 친해지면서 내가 필요한 정보를 얻을 수 있었다.

레바논 동명부대에서 사회 공헌 활동 모습

나는 군 경력으로 취업했다

이러한 네트워크 덕분에 회사에서 운항 여부를 결정하는데 기여를 할 수 있었다. 특히 중동 지역에서 분쟁이 발생하는 등 위협이 예상되는 항로에 대한 분석이나, 운항 지역에서 체류하는 우리 승무원들의 위협에 대해 분석했다. 내가 수집하고 분석한 정보들이 적중하자 종합통제본부 담당자들이 나의 정보를 많이 신뢰했다.

지금은 내가 맡은 업무가 변경되면서 공식적으로 이 업무를 하고 있지는 않다. 다만 종합통제본부에서 결정하기 애매할 때는 비공식적으로 나에게 요청이 온다. 그때마다 과거처럼 분석은 하지 않지만 수집할 수 있는 정보를 전달한다. 지금은 이 업무를 담당하고 있지는 않아도 국내외 관계된 분들과 메일 또는 SNS로 연락하면서 안부를 전하며 지내고 있다. 언젠가 이 업무를 다시 맡게 된다면 제대로 된 업무 체계를 만들어보는 것이 나의 작은 바람이기도 하다.

(2) 항공기 사이버 보안 업무 정립

　입사 초기 나의 업무는 원래 글로벌 항공 위협 정보 수집 및 분석이었다. 그런데 갑자기 항공기 사이버 보안 업무도 나의 업무가 되었다. 당시 담당자가 기내 불법방해행위 업무 체계를 만들어야 해서, 항공기 사이버 보안 업무는 내가 맡아야 한다고 했다. 나는 당황스러웠다. 두 업무는 성격이 완전히 다른 업무다. 내가 석사 과정에서 사이버 보안을 전공했지만, 나는 정책형이지 기술적인 부분에서는 자신이 없었다. 나는 어디서부터 시작해야 할지 걱정이었다. 어쨌든 나에게 부여된 업무였기 때문에 뭐 하나라도 개선시켜보자는 생각으로 시작했다.

　먼저 지금까지의 업무 진행 경과를 봤다. 그런데 사내 협의회만 구성되어 있고 이 업무를 어떻게 해야 하는지에 대해서는 정해진 것이 없었다. 심지어 국제적인 표준도 없었다. 항공기의 디지털화 수준이 높아졌으니 사이버 보안 체계를 갖추어야 한다는 추상적인 지론만 있었던 것이다. 항공기 사이버 보안에 대한 구체적인 대안도 없었다. 머리가 복잡해졌다. 그래서 나는 우선 항공기 사이버 보안에 대한 개념을 정립하고, 어떤 보안 대책을 만들 것인가에 집중했다.

　그러나 사내 협의회 유관 부서 담당자들은 적극적이지 않았다. 당근이 필요했다. 당시 보안 정책에도 벌만 있지 상은 없었다. 그래서 나는 인사전략실과 협조하여 항공기 사이버 보안 대책 발표 시 우수자에게 사장님 표창을 줄 수 있도록 설득했다. 회사의 사장님 표창은 승진에 영향을 주는 것이기 때문에 요청한다고 쉽게 받을 수 있는 것이 아니다. 내가 간절하게 요청한 것이 통했는지 나의 의견이 수용되었다.

가장 우수한 보안 대책을 발표하는 분은 심사를 통해 사장님 표창을 받을 수 있다고 공지했다. 그러자 분위기는 변했고, 각 팀에서 유용한 몇 가지 보안 대책을 제시해주었다. 그리고 나는 그 당시 IATA(International Air Transport Assosiation)에서 Aviation Cyber Security TF에 참여하여 항공기 사이버 보안을 연구하고 있었다. 여기에 미국의 여러 논문을 참고하여 몇 가지 보안 대책을 추가로 도출했다. 이러한 자료들을 모두 모아서 지금의 항공기 사이버 보안 업무의 초안을 정립할 수 있었다.

결국 나는 글로벌 항공 위협 정보 업무와 항공기 사이버 보안 업무를 합쳐서, 30대 후반에 '항공 사이버 보안 & 정보 그룹'의 그룹장이 되었다. 일반 공채보다 관리자 경험을 조금 더 빨리 해볼 수 있었던 것은 나에게는 직장 리더십에 대해 배울 수 있었던 좋은 기회였다. 나중에 조직 개편이 되면서 그룹이 모두 없어졌지만, 그룹장을 하면서 항공기 사이버 보안 업무를 발전시켜 항공 사이버 보안 규정을 만들었고, 유관 부서에 벌뿐만 아니라 상도 줄 수 있도록 'ACS Excellence' 제도 (Aviation Cyber Security Excellence)를 만들었다. 이렇게 회사에 기존에 없었던 것을 또 하나 만들었다. 이러한 업무를 정립한 덕분에, 나는 인천공항공사와 국토부 협의회에서 강연도 하고 타 대학원에서 특강을 하기도 하였다.

항공 보안 세미나에서 항공기 사이버 보안 강의 모습

나는 군 경력으로 취업했다

(3) 개인정보 보호에 이어, 방산 보안 업무까지

　내가 있던 항공 안전 보안실이 조직 개편된 후 맡게 된 업무 중 하나가 개인정보 보호 업무였다. 내가 처음부터 맡았던 것은 아니고, 기존 담당자가 MBA를 가면서 나에게 이 업무가 할당된 것이다. 법학 전공인 나는 항공사에서 제대로 된 개인정보 보호 체계를 만들고 싶다는 욕심이 났다.

　회사의 정보 보안 업무 분야에서는 주기적인 점검을 하고 보안 대책을 검토하였는데, 개인정보 보호 분야는 소외되는 분위기였다. 그래서 그러한 인식이 변화하도록 유관 부서들에게 법에 명시된 것처럼 개인정보 영향성 평가를 해야 함을 강조했다. 그 결과 회사 내 시스템이 변경되거나 정책이 변화할 때도 개인정보 영향 평가를 받도록 했다. 그 덕분에 너무 바빴고 일도 많이 밀렸지만, 목소리 인증 서비스 센터 구축 사업, 기내 인터넷 도입 등 재미있는 신기술에 대한 개인정보 영향 평가를 하면서 배운 것이 많았다.

　지금은 항공우주 사업본부로 옮겨서 서울 사무소 보안 담당관으로 있다. 방산 보안은 기무사에서 경험이 있던 업무다. 기무사에서 배웠던 것들을 하나하나 떠올리면서 업무를 하고 있다. 방산 업체의 업무 환경을 고려해서 이에 적절한 정책을

만들고 이행하는 역할을 하고 있다. 새로운 일에 도전한다는
것은 언제나 즐거운 일이다.

나는 군 경력으로 취업했다

2부

전역 후
이직
성공 사례

》 1. 다양한 선택지가 있다

대다수 현역들은 전역 후 이직을 잘한 선후배들을 다시 만나기가 쉽지 않다. 같은 부대에서 함께 근무했거나 사적 모임이 있었던 선후배들이 아니라면 더더욱 자신의 고민거리를 말하는 것이 쉽지 않다. 그래서 나의 이직 이야기 외에도 다른 분들의 전역 후 이직 사례를 담아봤다. 현역들은 전역하면 회사에 취업하거나 군무원 또는 군 관련 공무직으로 옮기는 것만 생각하는 경향이 있다. 전역 후에도 다양한 취업의 문이 있고, 창업을 할 수도 있다. 몇 가지 사례를 보면서 전역 준비를 하는 데 참고가 되었으면 한다.

》 2. 장기 복무 장교로 전역 후 공직에 채용된 사례

(1) 단시간 시험 공부로 해양경찰 이직에 성공한 N 소령

N 소령은 평소 보직을 무난하게 잘 관리하여, 수사 특기를 잘 살려서 소령까지 1차 진급하였다. 그런데 두 번이나 중령 진급이 되지 않자, 군에서 더 이상 진급이 어렵다고 판단했다. 그 이유는, N 소령이 있던 부대는 해당 계급에서 두 번의 진급 기회에서 밀려나면 더 이상 진급할 수 없는 구조였기 때

문이다.

　대부분의 장교들은 알겠지만, 더 이상 진급이 되지 않는 시기가 되면 자신의 보금자리에서 쫓겨나는 기분이 든다. 그러나 N 소령은 중령 진급에서 두 번 비선된 후 절망감에 빠져 있을 수 있는 시기에도 희망을 버리지 않았다. 진급에서 두 번째 비선된 날부터, 전역 후 어떤 직업을 선택할 것인지에 대해 고민하기 시작했다. N 소령은 처음에 군무원을 생각하였으나, 본인이 정년 전역하기 전까지 수사 분야 직종의 경력직 군무원 채용 수요가 거의 없다는 것을 확인하였다. 그래서 N 소령은 어쩔 수 없이 다른 직업을 선택해야 했다.

　N 소령이 이직할 때 고려한 것은 두 가지였다. 먼저 경력을 살리기 위해 수사 업무를 하고 싶었고, 그다음은 가급적 군 생활 호봉까지 인정받고 싶었다. N 소령은 어느 날 우연히 해양경찰에 근무하는 대학 동기생과 전역 고민을 터놓고 이야기하다가, 그 동기생으로부터 해양경찰의 경력직 채용 정보(수사심사관)에 대해 알게 되었다. 우연히 알게 된 해양경찰 경력직 자리는 자신이 생각했던 조건과 딱 맞았다.

　참고로 수사심사관은 2020년 1월 13일 검경 수사권 조정 법안 국회 통과로 경찰청은 경찰서에서 사건의 수사 과정 및 결과를 독립적으로 심사, 지도하는 '수사심사관' 제도를 도입한 것이다. 수사는 경찰, 기소는 검찰, 재판은 법원이 하는 건제와 균형의 원리가 유지되도록 하는 차원에서 시행된 제도이다. N 소령이 군에서 하던 업무와 유사하여 경력도 살릴 수 있고, 군 경력의 호봉까지 인정받을 수 있는 조건이었다.

N 소령은 시험 3개월을 앞두고 다른 것은 생각하지 않고 시험 준비에 전념했다. 다행히 자신이 수사 업무를 해왔고, 시험 과목인 형사소송법 등에 익숙한 것이 큰 도움이 되었다. N 소령은 3개월 동안 주말을 가리지 않고 잠자는 시간을 줄여가며 밤낮으로 공부를 했다. 심지어 일과 시간에도 여유 시간만 있으면 공부에 집중했다. 결국 3개월이라는 단기간의 집중 끝에 해양경찰 수사심사관(경감)에 합격하였다. N 소령은 많은 선후배들의 축하 인사를 받았다.

N 소령은 어떻게 3개월 만에 이직에 성공할 수 있었을까? 첫째, N 소령은 위기를 바로 기회로 바꾸는 추진력이 뛰어났다. 다수 장교들은 더 이상 진출이 되지 않는 상황에 놓이게 될 경우 미래에 대한 불안감과 좌절감에 빠져 방황한다. N 소령도 심적으로는 많이 힘들었지만, 침착하게 진로를 확인하고 적절한 시기에 채용 정보를 잘 확인하였다. N 소령은 불안한 지위에 놓여 있던 그 당시의 위기를 발 빠르게 기회로 바꿀 수 있는 추진력이 탁월했다. 중령 진급 비선된 후 대부분 절망에 빠져 있을 때, N 소령이 시험 준비를 시작한 시기는 진급 비선된 후 거의 한 달도 안 된 시점이었다.

둘째, 단기간의 집중력이다. N 소령은 시험을 3개월 앞두고 이 정보를 알았다. 해양경찰 시험 과목이 대부분 법 과목이고, 암기해야 할 것도 많다. N 소령도 3개월 앞두고 '내가 합격할 수 있을까?'라는 의문도 많았다고 한다. 그래도 '한번 해보자!'라고 결심한 후 자신의 여가와 불필요한 시간을 줄여서 시험 공부에 집중했다. 시험 과목 대비 얼마나 집중했을지 상상이 간다. N 소령의 집중력이 빛났던 것 같다.

전역을 준비하시는 분들도 준비하는 시험이 있다면 내년 혹은 내후년으로 계속 미루지 않기를 바란다. 먼저 재빠르게 도전하고 시작하는 분들이 이렇게 불안한 지위에서 안정된 지위로 바꿀 수 있는 것이다. 전역을 앞두고 계신 분들 중 대부분이 '난 아직 몇 년 남아서, 전역 전 언제부터 준비하려고…'라고 한다. 이런 분들을 보면 우려스럽다. 물론 전역 후 편히 쉬겠다는 분들은 괜찮겠지만, 무언가 새로운 직업을 갖거나 창업하겠다고 하면서 너무 편안하게 생각하는 것 같다. '준비된 자에게 기회가 온다'라는 말은 이때 필요한 것 같다.

(2) 주 독일 한국 대사관 전문 행정직으로
　　채용된 Y 대위

　　Y 대위는 보병학교 초군반과 고분반 과정에서 우수한 성
적으로 교육을 이수하였다. 특전사 출신임에도 독일에서 OAC
교육도 받고 기계화 보병대대에 중대장으로 보직되었다. 당연
히 독일어도 잘했고, 평소 독서도 많이 하는 장교였다. 1차 중
대장도 무난하게 임기를 마치고, 각 사단의 우수 자원들만 간
다는 신병교육대 중대장으로 보직을 받았으며 신교대 중대장
도 무사히 마쳤다. Y 대위는 그 이후 보병학교 교관으로 갔다.
위관 장교까지 경력 어디 하나 빠지지 않도록 자력 관리를 매
우 잘한 장교였다.

　　그러나 Y 대위는 보병학교에서 소령 진급에 계속 비선되
었다. 소령 3차 진급에도 실패했다. Y 대위는 그 당시 더 이상
군에서 진급할 수 없다고 생각했고, 전역을 결심했다. Y 대위
는 부사관 출신인 아버지 밑에서 자라 어릴 때부터 군을 정말
좋아하고 사랑했다. 그런데 소령 진급이 어려워지자, 군과 관
련된 것들이 모두 싫어졌다. 그래서 친하게 지내던 전우들과
모두 연락을 끊었다.

　　Y 대위는 보병학교 교관으로 있으면서 상무대에 있는 관

사에서 전역 준비를 시작했다. 전역 후 이직하고 싶었던 곳은 독일에서 자동차 정비 관련 일을 배우는 것이었다. 그래서 독일에 몇 차례 가서 일자리와 배울 수 있는 곳을 찾아보았다. 그런데 독일에서 자동차 정비 관련 일을 배우면서 일을 할 수 있는 곳을 찾기가 어려웠다. 그래서 다시 방향을 잡지 못하고 고민에 빠져 있었다.

그러던 어느 날 우연하게 주 독일 한국 대사관에서 안전 및 보안 분야 행정직 채용 공고를 보았다. Y 대위는 이 공고를 보고 '할 수 있겠다'라는 생각이 들어서, 자신의 여러 가지 경력들을 잘 녹여서 이력서를 작성했다. Y 대위는 운 좋게도 이 채용 공고에 합격하였다. Y 대위는 정말 기뻤다.

그 이후 전역 절차를 밟고 가족들과 함께 독일로 갔다. Y 대위는 주 독일 한국 대사관에서 안전 보안 분야 행정 업무를 담당하고 있다. 외교관에 해당하기 때문에 외교관이 가지는 혜택도 있고 독일에서의 삶은 너무 행복하다. 가족들과 항상 유럽 여러 곳에 여행도 다니고, 자녀들이 또 하나의 언어를 배울 수 있는 교육 기회도 너무 좋다. Y 대위는 지금도 독일에서 행복하게 살고 있다.

Y 대위의 이직 성공 비결은 무엇일까? 먼저 자신의 특기였던 독일어 실력을 계속 유지하고 있었던 것이 도움이 된 것 같다. 해외에 체류할 수 있는 한국 대사관에 이직을 하려고 해

도, 외국어 특기가 없다면 어려울 것이다. Y 대위는 독일 OAC 를 수료한 경력도 있어서, 야전에서도 독일어 실력을 계속 관리하고 있었다. 혹시 비슷한 직종으로 이직을 생각한다면 외국어 하나쯤 관리하는 것도 좋을 것 같다.

둘째, Y 대위는 계급 정년 전까지 기간이 많이 있었음에도 제2의 직업을 찾기 위해 적극적으로 정보를 수집했다. Y 대위는 대위 정년 전역까지 4~5년의 시간이 남아 있었다. 그럼에도 만기 전역까지 기다리지 않고 빠르게 제2의 직업을 찾았다. 처음부터 대사관 채용 정보를 본 것은 아니었다. 자신이 생각했던 독일 차량 정비사에 도전하기 위해 이런저런 정보를 보다가 우연히 발견한 것이다. 따라서 전역을 준비하는 직업 군인이라면 제2의 직업을 찾을 때 다양한 채용 정보를 찾는 노력이 필요하다.

내가 현역 근무 시 전역을 고민하고 있을 때 주변 군 선배들에게 채용 정보를 물어보면 대부분의 선배들은 잘 모른다고 답했다. 왜냐하면 그 선배들은 전역할 생각이 없기 때문에, 이러한 정보를 찾는 여러분보다 더 정보가 없는 것이 당연하다. 자신에게 다가올 제2의 직업은 가만히 있어도 저절로 찾아오는 게 아니다. 이직을 고민하는 당사자들이 문을 두드리고 손품과 발품을 팔아야 한다.

나는 군 경력으로 취업했다

» 3. 사업가 변신에 성공한 전역 장교 사례

(1) 해외 구매 대행 사업 창업으로 성공한 '머니캡틴'(대위 전역)

머니캡틴은 대학 시절 행정학과에 다니면서 당시 동기들과 매일 술만 마시다가 '더 이상 이렇게 살면 안 되겠다'라고 생각해서 병사로 군 입대를 했다. 그렇게 병사 생활을 하다가 부사관 모집 공고를 보게 되었는데, 하사 계급이 9급 공무원에 준한다는 말을 들었다. 본인의 부모님이 경제적으로 지원을 많이 못 해줄 것 같았고, 경제적으로 자립하고 싶어서 부사관에 지원했다.

부사관으로 열심히 복무하다가, 부사관은 원사 또는 기술행정 병과 준위 계급으로 끝난다고 생각을 했다. 그런데 장교는 계급이 대장까지 있어서 '만렙'이 될 수 있다는 생각으로 장교에 지원했다. 물론 정말로 육군 대장이 될 가능성은 낮지만, 대장이 되겠다는 목표로 정말 열심히 군 생활을 했다.

그러던 그에게도 전역을 하고 싶은 계기가 생겼다. 코로나 시기에 군에서 정말 많은 통제가 있었다. 매일 부대에 얽매여 있어야 했다. 그래서 부대 안에 있으면서 유튜브를 많이 봤다. 유튜브를 보니 나이가 비슷한 사람들이 엄청난 돈을 버는 것을 보고 '나도 할 수 있을까?'라는 생각을 하기 시작했다. 머니캡틴은 이러한 사람들과 자신을 비교하면서, 전역 후 진로를 군무원이나 예비군 동대장으로밖에 생각하지 못한 점이 안타까웠다. 그리고 많은 독서를 하면서 자신의 진로에 대해 많은 생각을 하게 되었다.

머니캡틴이 보기에 그 당시 대대장과 연대장이 행복해 보이지 않았다. 본인의 지론은 인생이 행복해야 한다는 것이었다. 그런데 군인들은 매일 야근해야 하고, 가족들과 떨어져 살아야 했다. 그리고 지휘관들은 본인 잘못도 아닌데 책임져야 할 것이 많다. 이것은 행복한 인생이 아니라고 생각했던 것이다.

또한 군 생활을 계속하면 결혼을 못 할 것 같았다. 어느 여자가 시골에서 같이 살아줄까 하는 생각도 했다. 그래서 수차례 고민 끝에 전역을 결심하고 대위 5년차에 전역을 했다.

전역 전부터 하고 싶은 일을 종이에 계속 써보았다. 그래서 생각한 것이 무인상점, 프랜차이즈였다. 하지만 비용이 너무 많이 들었다. 그러다가 해외 구매 대행을 하겠다고 결심했다. 그 이유는 비용이 적게 들기 때문이다.

창업에 실패할 가능성도 있기 때문에, 비용이 많이 드는 창업은 한번 실패하면 돌이키기가 어렵다. 그러나 해외 구매 대행은 비용이 적게 들어서, 당시 모은 돈으로 20번 정도는 도전할 수 있었다. 전역 후 해외 구매 대행 사업을 시작했고, 결국 2억 원이 넘는 매출을 올리는 사업가로 성공했다. 그리고 유튜버로도 활동 중이다.

머니캡틴이 5년 차 전역 후 성공할 수 있었던 비결은 무엇일까? 첫째, '생각 넓히기'다. 머니캡틴은 유튜브를 보고 독서를 하며 자신과 다른 삶을 사는 사람들을 모델로 하였고, 그들이 어떻게 성공했는지 공부를 했다. 둘째, '행동하기'다. 자신의 생각을 노트로 정리해가며 실천할 수 있는 계획을 만들고 실천한 것이다. 아무리 아는 것이 많더라도 행동으로 옮기지 않으면 무용지물이다. 마지막으로 '분석하기'다. 자신의 경제적 범위에 맞는 수준의 창업을 준비한 것이다. 대부분 전역자들은 창업을 한다면 프랜차이즈 식당을 많이 하는 경향이 있다. 잘나가는 프랜차이즈 식당을 창업하더라도 미리 공부해서 준비하지 않으면 성공하기 어려운 사례를 종종 봤다.

(2) 5가지 직업 갖는 것에 도전 중인 'N잡러'(소령 전역)

사관학교 출신 N잡러는 대위 진급 후 2차 중대장까지 순탄하게 군 생활을 했다. 그런데 어느 순간부터 사회로 나가서 좀 더 자유롭게 살고 싶다는 생각을 하기 시작했다. 그러던 중 군인 연금 대상자가 되면 곧바로 전역을 하겠다고 결심했다. 사관학교의 장점은 사관학교 4년 생활이 군 생활에 포함된다는 것이다. N잡러는 이 장점을 살려 사관학교 기간 포함 연금을 받을 수 있는 19년 6개월 근무를 끝으로 전역했다.

N잡러는 군 생활 동안 취득했던 '행정사' 자격증을 활용하는 방안을 생각했다. 행정사가 할 수 있는 일을 찾아보다가, 토지 보상 분야에 관심이 있어서 서울 재개발이 많은 곳에 사

나는 군 경력으로 취업했다

무실을 개업했다. 행정사로서 토지 보상 업무를 하면서 관련 업무 절차도 많이 알게 되었다. 그리고 고객인 지역 주민들과 많은 교류를 하면서 여러 사업 아이템을 만들었다.

행정사로 일하는 동안 생각보다 시간이 많이 남았다. 행정사 사무소 업무에 시간이 많이 소요되지 않도록 체계를 갖춘 것이다. 그래서 법무법인에 토지 보상 관련 사무장으로 취업했다. 업무를 하나 더 하기로 한 것이다. 법무법인에서 큰 욕심을 내지 않아도 기본적인 급여가 나오기 때문에, 스트레스 받지 않고 업무를 할 수 있었다.

N잡러는 군인 연금을 기본적으로 받으면서, 행정사 사무소에 쌓이는 연간 억대의 수익, 그리고 취업한 법무법인에서도 급여를 받고 있다. 경제적으로 여유가 생긴 것이다. 인터뷰 당시 N잡러는 2가지 직업을 갖고 있는데 자신의 목표는 5가지 직업을 갖는 것이다. 지금도 또 다른 사업을 구상 중이다. N잡러는 자신이 무언가 스스로 개척해서 성과를 만드는 것을 즐긴다.

나는 N잡러가 추구하는 직업관을 보면서, 요즘 직장인들이 추구하고 싶어 하는 트렌드와 맞는 것 같다고 생각했다. 보통 직장인은 어느 한 회사에 소속되어 있으면 겸직 금지 사내 규정 때문에 제한 사항이 많다. 그런데 N잡러는 이런 제약이 없는 곳을 잘 이용했고 또 다른 도전을 준비하고 있다. 전역 후 정형화된 진로만 생각하는 현역들에게 N잡러의 사례가 틀에 박힌 사고를 전환하는 데 도움이 되었으면 좋겠다.

나는 군 경력으로 취업했다

» 4. 장기 복무 부사관 전역 후 공무원 시험에 합격한 사례

(1) 서울시 공무원에 합격한 J 중사

J 중사는 부대에서 맡은 임무를 어떻게든 제대로 수행하기 위해 노력하는 성실한 부사관이었다. 그래서 어느 중대장이나 소대장이 함께 근무하더라도 항상 신뢰받는 부사관이었다. J 중사는 업무뿐만 아니라 자기 계발도 게을리하지 않았다. 그는 부사관 임관 전 고졸이었는데, 임관 후 군에서 주는 등록금 혜택을 받으며 야간 대학교에도 진학했다. 기갑 병과

로 기계 정비 등을 배우고 싶어서 자동차공학 관련 학과에 입학하였다.

부대에서 일명 '에이스'라고 불리던 J 중사는 어느 날 부대에서 훈련과 당직이 너무 많은 시기를 보내고 있었다. 정신적, 육체적으로 많이 힘든 시기를 보냈다. 그 당시 만나던 여자 친구(현재의 배우자)와 결혼을 고려하고 있었다. 그러던 중 J 중사는 '내가 결혼하면 가정생활을 잘할 수 있을까? 지금도 집에 잘 못 가는데, 미래에는 괜찮을까?'라는 의문이 들었다. 이러한 생각이 계속되면서, '부사관이라는 직업이 정말 안정적인가?'라는 생각을 많이 했다. 결국 J 중사는 '결혼 후 가정에 충실한 사람이 되고 싶다'라는 결론을 내리고 전역하기로 결심했다.

J 중사는 전역 결심 후 우선 무엇을 할 것인지 고민을 했다. 막상 아무것도 떠오르지 않았다. 전역 후 어떤 일을 할 것인지 정해진 것이 없어서 두려웠다. 그리고 자신에게 전역자를 위한 채용 정보가 너무 없다는 것이 가장 힘들었다. 또한 주변에 부사관 전역 후 진로에 대해 상담할 수 있는 선배도 없었다.

J 중사는 어쩔 수 없이 어떤 일을 할 것인지 혼자서 고민해야 했다. 그러던 중 자신이 가장 가치 있게 생각했던 '안정적인 직업'이라는 것과 가장 부합하는 것은 군무원 시험이라고 생각했다. 그리고 군무원이 된다면 군 경력 호봉을 모두 인정받고, 현역보다는 생활이 더 여유 있을 것 같다고 생각했다.

그는 군무원 9급 시험을 준비하겠다는 목표를 정하고, 상급자들에게 보고 후 전역 지원서를 제출했다.

전역 지원서를 제출했을 때 J 중사의 상급자들도 당황했다. J 중사가 그만큼 업무를 잘하는 부사관이었기에 갑자기 전역 의사를 표시해서 주변에서는 놀랄 수밖에 없었다. 그는 전직 지원반에 가기 전까지 퇴근 후 군무원 시험 준비에 집중하기로 했다.

군무원 시험을 준비하는 것은 처음부터 쉬운 일이 아니다. 배우지 않았던 과목들을 새롭게 공부해야 한다. 새로운 공부를 하는 것이 쉽지는 않았다. 그리고 퇴근 후 시간을 할애하여 공부를 하는 것도 쉽지 않았다. 수험 생활에서 중요한 것은 공부의 양과 질인데, 양에서부터 경쟁자들과 벌써 차이가 났다. 그리고 가장 힘든 것은, '내가 군무원이 될 수 있을까?'라는 확신이 없다는 점이었다. 안정적인 군 생활을 그만두고 지금까지 생각하지 않았던 길로 간다는 것에 대한 두려움도 있었다.

정신적으로 힘든 상황에서도 용기를 얻을 수 있었던 것은 당시 여자 친구(현재 배우자) 덕분이었다. 안정적인 직업 군인의 길도 갈 수 있지만, 그 길을 가지 않고 새로운 도전을 하는 데 여자 친구의 응원이 큰 도움이 되었다. 그는 당시 30대 초반이었는데 '이제는 군무원 되는 길밖에 없다'라고 생각하고, 막연한 미래에 대한 두려움을 떨쳐내려고 노력했다.

전직 지원반에 가기 전까지 퇴근 후 군무원 시험 준비에 계속 집중을 했고, 전직 지원반 기간에는 노량진 학원에 등록했다. 그런데 전직 지원반 기간이 종료되어가던 전역 한 달 전, 노량진 학원에서 공부를 하고 있다가 부대로부터 황당한 전화를 받았다. 부대에서 온 전화의 내용을 요약하면, 그는 군장학금을 받고 대학교를 다녔기 때문에 의무 복무 기간이 더 길어졌고 전역일 계산이 잘못되었으니 8개월 더 복무해야 한다는 것이다. 그는 이 전화를 받고 황당했다.

부대에서도 인사 착오로 인한 문제였기 때문에, 그를 원래 근무하던 대대로 보내지 않고 여단 보안 담당관으로 보직했다. 그리고 당시 여단장과 대대장의 배려로 일과 중에는 도서관에서 군무원 공부를 할 수 있었다. 나는 이 에피소드를 듣고 '이런 일이 21세기 군대에서 일어날 수 있는 일인가?'라며 어이가 없어서 웃음이 나왔다.

어쨌든 그는 부대에서 낮에도 공부를 할 수 있었지만, 주변 장병들로부터 눈치를 보기도 했다. 당시 부대 내에 전역하려는 간부들이 있었고, 그들은 J 중사처럼 낮에 전역 준비를 하지 못해 '차별대우를 받는 것 같다'라는 말을 들어 마음이 불편했다. 그래서 그는 훈련이 있으면 함께 나갔고 당직 근무도 했다.

그해 군무원 시험에 응시했으나 합격하지 못했다. 이전 연도 군무원 9급 시험에는 130여 명 선발했는데, 시험 본 그해에는 한 자리 수만 채용했다. 시험에 합격하지 못해 많이 실망했지만 결과를 받아들일 수밖에 없었다. 그러다가 군무원 시험 과목과 공무원 시험 과목에 유사한 것이 있어서 바로 공무원 시험으로 변경해서 준비를 시작했다. 그렇게 공부를 하다가 병사 생활 포함 약 10년의 군 생활을 마무리했다.

전역 후 휴식 기간 없이 곧바로 노량진 학원으로 갔다. 그리고 몇 달 후 서울시 공무원 9급 시험에 당당하게 합격했다. 전역 결심 후 군무원 준비 기간을 포함하여 합격하는 데 2년 정도 걸렸다. 시험 준비 기간 정말 불안했지만 지금 돌이켜보면 정말 잘한 선택이라고 생각한다. 그리고 서울시 공무원 생활에 만족한다. 서울시 공무원 생활을 시작한 지 얼마 되지 않아 여자 친구와 결혼을 했으며 현재 아이를 낳고 행복하게 살고 있다.

J 중사의 성공 비결은 무엇일까? 첫째, 준비하는 시험에 합격할 수 있을지 모르는 막연한 미래였지만 확신을 갖고 준비한 것이다. 본인 스스로 자신감이 없으면 멘탈이 나가서 스스로 무너지기 마련이다. 특히 안정적인 직업 군인의 길을 더 이상 가지 않은 것에 대한 미련에 사로잡혀 순간 포기하고 싶은 마음이 언제든지 생길 수 있다는 것이다.

둘째, 자신이 준비하는 수험의 길을 응원해줄 수 있는 주변 사람이 도움이 되었다. 응원해줄 수 있는 사람이 자신의 상황에 따라 다르겠지만 배우자, 이성 친구, 부모님, 또는 친구가 될 수 있겠다. 군에서는 아무래도 전역한다고 하면 대부분의 현역들이 불편한 시각으로 전역 예정자를 보는 것이 사실이기 때문에, 군 영역의 밖에서 응원해줄 사람을 찾는 것이 좋을 것 같다.

마지막으로 전직 지원반의 기간을 잘 활용했다. J 중사는 전역 지원서를 낸 후 바로 공부를 시작했다. 군 복무 중에는 봉급이 나오지만, 전역 후에는 봉급이 없어 경제적으로 어려울 수 있다. 그래서 봉급을 그대로 받을 수 있는 전직 지원반 기간 동안 학원에서 집중적으로 공부해야 한다. J 중사는 전역 지원서를 낸 후 퇴근 시간을 활용해보았지만 공부의 흐름이 많이 끊겨버려서 어려움이 많았다. 흐름이 계속 끊길수록 마음이 더 불안해질 수 있다. 따라서 전직 지원반 기간을 잘 활용하면 집중하기도 좋고, 경제적 부담도 줄일 수 있다.

(2) 소방 공무원에 합격한 H 중사

　H 중사는 부사관 임관 전 전문대 특수장비과를 졸업했다. 특수장비과는 전차, 장갑차, 자주포 운용 및 전문 기술 부사관을 양성하는 학과다. 졸업 후 전공을 살려 기갑 병과 부사관으로 임관했다. 젊은 나이에 임관해서 군 복무를 시작했기에 안정적인 직업을 구했다는 것에 자부심이 있었다. 특히 나라를 위해 제복을 입고 일한다는 것을 명예롭게 생각했다.

　그러나 어느 순간부터 '부사관이라는 직위가 장교에 비해 학력이 낮고 아무리 열심히 해도 부사관이 군에서 제대로 인정을 받지 못한다'라는 생각을 했다. 그래서 본인부터 노력해서 부사관에 대해 대중들이 갖고 있는 부정적 인식을 바꾸고 싶었다. 먼저 자신부터 자기 계발에 최선을 다해서 부대원으로부터 능력을 인정받고 싶었다. 그래서 토익 시험 공부와 궤도차량 정비산업 기사 공부를 시작했다. 퇴근 후 온전히 자기 계발에 집중하고 싶었다.

　한편, 소속된 부대 생활에는 선후배들과 원만한 관계를 유지하기 위한 별도의 시간이 많았다. 선배들이 불러서 간부 숙소에서 저녁 식사를 하거나, 시내에 나가서 회식을 하는 경우도 많았다. 부대가 다소 외진 곳에 위치에 있어서 시내까지 가서 회식에 참석하고 돌아오면 택시비 외에도 회식비까지 지출해서 시간과 돈도 아까웠다. 부사관이 특정 부대와 지역에서 오래 있다 보니, 선후배들과의 관계가 중요해서 H 중사는 이러한 문화에 적응하는 것이 쉽지 않았다.

이런 생활이 계속 반복되자 군 생활에 대한 보람이 없어졌다. 부사관으로서의 능력보다 관계를 중시한 선배들을 만나면서, 군 생활에 대한 비전이 보이지 않아 답답했기 때문이다. 그리고 아랫사람을 진심으로 위하는 부사관 선배들을 만나지 못했고, 부사관 관계에서도 수직적 문화의 환경에서 군 생활이 어려웠다. 그래도 공부할 수 있는 시간을 틈틈이 만들었고 자격증 공부를 열심히 해서, 마침내 궤도차량 정비산업 기사 자격증을 취득했다.

직무와 관련된 자격증을 취득하면 더 인정받을 줄 알았으나 현실은 그렇지 못했다. 결국 부사관으로 계속 있는 것보다 육군 항공 준위로 진출하는 것이 더 낫겠다고 생각했다. 그래서 토익 공부에 매진하여 830~840점을 받았다. 육군 항공 준위로 시험에 합격하려면 토익 850점이 넘어야 하는데 그 벽을 넘을 수 없었다. 결국 몇 차례 시험에 불합격하면서 어쩔 수 없이 다른 길을 생각해야 했다. 그러다가 군에 있으면 더 이상 답이 나오지 않겠다는 생각이 들었고, 전역 고민을 시작했다.

결국 자신의 능력을 더 인정해줄 수 있는 곳에서 근무해야

겠다고 생각하고 전역을 결심했다. 직업 군인보다 더 안정적인 직업을 갖고 싶었고, 일한 만큼 보상을 받을 수 있는 곳에서 일하고 싶었기 때문이다. 전역 후 무엇을 해야 할지 고민하다가, '제복을 입고 국가를 위해 일한다'라는 가치는 변하지 않았다고 결론을 내렸다. 그렇다면 그러한 곳은 경찰과 소방밖에 없었다. 공무원을 하면 군 복무 기간 호봉을 인정받을 수 있어서 장점이라고 생각했다. H 중사는 경찰과 소방 공무원 시험 과목을 보고 생각을 하다가, 소방이 자신과 잘 맞을 것 같다고 생각하고 소방 공무원이 되겠다는 목표를 정했다.

누구든 지금까지 가보지 않은 곳으로 가기 위해 준비한다는 것에 두려움이 있다. H 중사에게도 '내가 잘할 수 있을까?'라는 두려움이 있었다. 그러나 '자신을 미워하고 무시하는 선배들에게 본때를 보여주고 싶다'라는 마음이 들었고 정말 이 악물고 시험에 도전했다. 업무 환경에도 변화를 주기 위해 야전부대에서 교육기관으로 전출을 갔다.

그곳에도 선배들과의 관계를 위한 시간이 중요한 문화로 자리 잡고 있었다. 그래서 소방 공무원 시험 공부에 집중하기가 쉽지 않았다. 전역 시기를 정하지 않고, 소방 공무원 시험에서 가산점을 받을 수 있는 것들의 준비가 끝나면 전역 지원서를 제출하겠다고 생각했다. 소방 공무원에서 가산점을 받을 수 있는 것은 토익 점수, 대형 운전면허, 컴퓨터활용능력 1급이 있었다. 토익 점수는 육군 항공 준위 시험을 준비하면서 공부한 것이 있어서 부담되지 않았다. 그래서 나머지 두 가지인 대형 운전면허와 컴퓨터활용능력 1급 취득에 집중했다. 육군 항공 준위 시험을 준비할 때 토익 공부를 했던 것이 큰 도움이 된 것이다.

꾸준히 준비하여 가산점을 받을 수 있는 3가지를 모두 갖춘 후 전역 지원시를 제출했다. 그리고 소방 공무원 시험 과목 공부를 시작했다. 전직 지원반 기간 전까지 군 생활도 요령 피우지 않고 열심히 했다. 그리고 전직 지원반 기간이 되어서야 본격적으로 시험 공부에 집중했다. 전직 지원반 기간은 6개월인데, 스터디 카페에서 인강으로 혼자 공부했다. 결국 전직 지원반 기간이 끝나기 전에 소방 공무원에 최종 합격했다. 육군 항공 준위 시험에 도전했다가 실패했는데, 소방 공무원이 되어서 너무 기뻤다. 특히 발령지가 부모님 댁과 가까워서 부모님을 자주 찾아뵐 수 있게 된 것도 행복하다.

인터뷰를 하는 동안 H 중사는 후배들에게 하고 싶은 말을 전했다. "부사관들이 군에서 인정을 못 받는다고 서운해할 필요 없는 것 같다. 그리고 신세를 한탄하는 것보다는 스스로 능력을 키우는 것이 더 현명한 선택이다. 정말 군에서 더 이상 인정받을 수 없다면, 사전 준비를 철저하게 해서 사회에 나가는 것을 추천한다. 대부분 직업 군인들이 사회로 나가는 것을 두려워하는데, 생각보다 할 일이 많다. 다만, 전역 전에 명확한 목표를 정하고 철저한 준비를 해서 전역하기를 바란다."

　H 중사의 이직 성공 비결은 무엇일까? 첫째, H 중사는 소방 공무원 시험 합격 전략을 잘 수립한 것 같다. 공부를 할 수 있는 전직 지원반 기간에 시험 공부에 집중했고, 그전에는 가산점을 받을 수 있는 것들을 모두 취득했다. 둘째, 공부를 계속 해왔기 때문에 공부하는 방법을 스스로 터득했다. 전역 결심 전에도 자격증 및 토익 공부를 해왔기 때문에 시험에 빨리 합격할 수 있었다. 평소 공부를 안 하던 사람이 어떤 시험에 합격하려면 굉장히 오랜 시간이 소요된다. 그래서 평소 독서와 자기 계발을 위한 공부는 굉장히 중요하다. 셋째, 강한 목표의식이 있었다. 목표를 구체적으로 설정했고, 목표를 이루기 위해 전력을 다했다.

(3) 두 가지 사례를 보면서 느낀 점

　두 가지 사례를 보면, 부단히 자기 계발을 하고 철저히 준비를 했을 경우 누구나 자신이 원하는 곳으로 이직할 수 있다는 것을 알 수 있다. 성공한 분들의 공통적인 특징들을 보면, 포기하지 않고 끈질기게 노력하여 좋은 결과를 성취하는 경우가 많다. 안정적인 직업을 그만두고 나갈 때 대단한 각오를 하지 않는다면 이들처럼 되기가 쉽지는 않을 것이다.

최근에 전 국민에게 '중꺾마(중요한 것은 꺾이지 않는 마음)'라는 신조어를 알리고 전 국민의 귀감이 되었던 사례가, 2022 카타르 월드컵에서 대한민국 대표팀이 16강에 진출했을 때였다. 2002 한일 월드컵 이후 20년 만에 카타르 월드컵에서 16강에 진출하는 쾌거를 달성했다. 대표팀 선수들이 8강 진출은 하지 못했지만, 선수들은 최선을 다했던 기억이 난다. 이들의 사례도 유사한 것 같다.

나는 앞에서 언급한 사례들을 보면서 나의 대학 동기생이 생각났다. 나의 동기생은 군 입대를 계속 미루고 졸업 후에도 몇 년 더 공부를 해서 사법 고시에 합격을 했다. 그러나 나는 공부를 계속하는 것이 도박 같다는 생각이 들었고 합격하지 못할 경우 다가올 미래가 두려웠다. 그래서 대학 졸업 이전까지 사법 고시 1차라도 합격하지 못하면 그냥 포기하고 군 장교로 가기로 했던 것이다. 결국 나의 동기생은 사법 고시에 합격했고, 나는 전역 후 지금의 자리에 있다. 결론은 끝까지 했던 사람은 어떻게든 성공하는 것 같다는 생각을 한다.

나는 군 경력으로 취업했다

얼마 전 셀트리온으로 다시 복귀한 서정진 회장의 강연을 유튜브로 본 적이 있다. 그의 끊임없는 도전 정신은 배울 만하다. 사연 없는 무덤은 없다. 안 된다는 핑계만 만들지 말고, 작은 것부터 실천해보자.

> 도전해보라 그러면 많은 사람이 늦었다 그래요. 나는 마흔다섯 살에 시작했거든요. 그다음에 돈이 없다고 그래요. 저는 단돈 오천만 원을 가지고 시작했어요. 그다음에는 그쪽 분야의 전문가가 아니라 그래요. 나는 생명공학, 약학, 의학 다 독학한 사람이에요.
> 그런 것은 전부 핑계일 뿐이에요. 그것은 절실하면 다 하게 되어 있어요.
> — 서정진 회장 강연 내용 중

3부

전역
상담
사례

» 1. 블로그에서 시작된 상담

처음에는 지인들 위주로 상담하면서, 내가 상담을 할 자격이 될까 하는 생각이 들어서 솔직히 상담을 꺼렸다. 그러다가 나도 현역 때 전역 고민이 많아 고생했던 기억이 났다. 그 당시 상담해주는 선배 하나 없었다. 아무리 친한 선후배라도 내가 전역 의지를 밝혔을 때 나에게 다가올 주변의 곱지 않은 시선이 두려웠다. 그런 상황을 너무 이해하고 있어서 상담을 요청하는 분들을 더 이상 모른 척하기 어려웠다. 그래서 블로그를 개설했다.

어느 날 나의 블로그 유입 검색어를 보면서, 나의 블로그 이름인 '카키의 블로그' 검색어로 유입하는 사람이 많은 것을 보았다. 더 이상 피하기 어려웠다. 그래서 공지 사항을 올려서 상담 신청하는 양식을 만들었다. 그 후 육해공군을 가리지 않고 많은 연락이 왔다. 어느 한 사람의 미래를 논하는 것은 정말 부담스러운 주제이다 보니, 상담을 해줄 때마다 나의 마음이 항상 무거웠다. 그래서 상담할 때 정말 최선을 다해 준비했다.

여러 상담 사례가 있지만, 현역들이 고민할 만한 대표적인 사례 위주로 3가지 정도를 책에 실었다. 상담 내용도 개인정보에 해당할 수 있어서, 상담자와 전혀 무관한 이니셜을 사용하였고 일부 가상의 상황을 만들었다. 블로그 글을 쓰다 보면 특정인의 이야기로 인지되는 경우도 있어서, 특정인의 이야기가 오르내리지 않도록 유의하였다.

» 2. 사이버 특기를 활용하여 취업을 희망하는 사관학교 출신 L 소령

(1) L 소령의 고민

정보통신 병과 L 소령은 북한 도발, 코로나 상황 등 외부 상황이 근무 환경에 많은 영향을 주고, 잦은 당직 근무와 지역 이동 등 자유롭지 않은 군 생활을 힘들어했다. 그리고 경직된 근무 분위기 속에서 군 생활에 대한 회의감이 들었다. 그러면서 전역 고민을 시작했다. 전역을 한다면 사이버 특기를 활용하여 일반 기업의 사이버 보안 직무로 취업하고 싶어 했다.

그러나 사이버 특기를 내세우기에는 자신의 군 경력에서 사이버 관련 근무 경력이 부족하다 보니, 일반 기업에 취업을 할 수 있을지 걱정되었다. 무엇을 준비해야 할지 막막했다. 그래서 L 소령은 경력을 더 쌓기 위해 전산학 학사 전공에 이어, 정보통신 관련 석사 과정에 진학했다. 그러나 관련 자격증을 취득하려고 하는데 어떤 것을 준비해야 할지 방향을 잡지 못하고 있었다. 그리고 정보통신 업무 중에도 어떤 직무를 맡아서 경력을 만들어야 할지 고민 중이라고 한다.

(2) L 소령의 경력 분석

나는 L 소령이 사이버 특기를 활용하기 위해 일반 회사의 사이버 보안 업무 중 어떤 직무와 적합한지 분석했다. 기업의 사이버 보안 업무도 분야가 다양하기 때문이다. L 소령의 경력을 보면 사이버 보안 분야 근무가 약 3년 정도밖에 되지 않았고, 대부분 사업관리, 교육, 기획 등의 업무를 맡았다. 그리고 사이버 관련 해외 교육 과정 경력도 있고, 영어 실력이 좋았다.

나는 L 소령이 사이버 보안 관련 경력이 부족해서 취업 걱정을 하는 것이 이해되었다. 그래서 L 소령의 부족한 경력을 채워줄 수 있는 부분을 고민했다. 그것은 사회에서도 인정받을 만한 자격증을 취득하는 것이다. 누구나 쉽게 취득할 수 있는 자격증은 회사 채용에 크게 영향을 주지 못하기 때문이다. 일부 현역들은 관련 자격증만 취득하면 취업에 유리한 것으로 착각하는 경우가 많다. 그래서 나는 L 소령이 어떤 자격증을 취득해야 할 것인지와 어떤 프로세스로 전역 준비를 진행하면 좋을지 고민하여 몇 가지 조언을 했다.

(3) L 소령을 위한 조언

① 사이버 보안 경력을 보완하기 위한 자격증 취득하기

자신의 경력을 보완하기 위해 취득해야 하는 자격증에도 서열이 있다. L 소령은 사이버 보안 분야 취업을 희망하고 있기에, 사이버 보안 자격증을 순서대로 나열해보았다. 사이버 보안 관련 자격증 우선순위는 '정보 보안 기사 - AWS Security Specialist - CISA or CISSP - ISMS or ISMS-P' 순이다. 우선순위로 나열한 것이지만, 일부 순서가 변경되어도 상관은 없을 것 같다.

② 취업 대비 사이버 보안 관련 지위로 보직 이동

정보통신 병과 각급 부대에서도 진급하기 유리한 보직이 있을 것이다. 그러나 진급만을 위해 이러만 보직을 쫓아가다 보면 L 소령이 원하는, 취업을 위한 경력을 만드는 것과는 멀어질 것이다. 두 마리 토끼를 다 잡는다면 좋겠지만, 취업 분야와 관련 있는 직위로 보직을 이동하는 것을 권장한다. 기업 채용자 입장에서도 사이버 보안 채용자를 선택할 때, 사이버 보안 관련하여 직접적인 업무 경험이 있는 사람을 채용하기를 원한다.

③ 가고 싶은 회사 10곳 리스트 만들기

L 소령에게 가고 싶은 회사 최소 10곳의 리스트를 만들라

고 했다. 10곳 회사의 채용 공고를 분석해보면, 각 회사들이 요구하는 경력을 확인할 수 있다. 그러한 채용 조건을 보고 자신이 갖추지 못한 능력을 좀 더 보완할 수 있다. 그리고 경력직 채용이 많이 없다면 처음부터 너무 큰 규모의 회사만 생각하지 않도록 조언했다. IT 직종에서는 이직이 많다. 작은 규모 회사에서 사회 경력을 쌓아 큰 규모 회사로 이직할 수 있다.

④ 전역 가능 시점 6개월 전부터 회사 채용 지원하기

전역 신청이 가능한 시점 6개월 전부터 회사 채용 공고를 보고 지원해보라고 했다. 이력서는 여러 번 작성해볼수록 작성 능력이 향상된다. 이직하는 직장인도 경력을 정리하기 위해 이력서를 정기적으로 업데이트하기도 한다. 업데이트된 이력서를 보면서 부족한 부분이 없는지 확인하고 관리하고 개선하려는 것이다.

그리고 채용 시험에 처음 한두 번 불합격하더라도 기죽지 말라고 했다. 이력서를 여러 회사에 제출하다 보면 L 소령을 필요로 하는 회사와 만나게 될 것이다. 대기업에 다니는 나의 친구도 이직하기 위해서 이력서를 100여 번 작성하고 제출했다고 한다. 다만 왜 불합격했는지 검토해보고, 부족한 부분을 더 채우면 된다. 인사 담당자로부터 본인에 대한 피드백을 받을 수 있다면 더욱 좋다.

⑤ 주변에 취업한 선후배들의 도움 받기

마지막으로 주변에 취업한 선후배들이 있다면 만나서 도움을 받는 것을 권유했다. 군 생활을 하다 보면 회사 채용에 대한 정보와 회사 정보를 얻을 방법은 인터넷밖에 없다. 그런데 인터넷에서 얻은 정보는 실제와 다를 수 있다. 주변에 취업한 선후배가 있다면 적극적으로 만날 것을 추천한다. 만나서 밥이라도 대접하면서 이야기를 듣다 보면 밥값보다 백 배는 귀한 정보들을 얻을 수 있다.

나는 군 경력으로 취업했다

» 3. 안정적인 삶을 위해 5년 차 전역을 고민 중인 A 대위

(1) A 대위의 고민

사관학교 출신인 A 대위는 야전에서 초임 장교로 근무할 때 부대에서 사고가 발생하여 경력 관리에 문제가 생겼다. 건강상 문제도 있어 더 이상 야전에서 근무하기 어려워서 군사경찰로 전과하였다. 그러나 A 대위는 경계 작전에 문제가 발생하여 감찰 조사를 받았고 경고장을 받는 등 인사상 불이익을 받게 되었다. A 대위는 당시 함께 근무했던 선배들과 부사관들이 수차례 조사받는 것을 보면서 불면증과 우울증, 불안장애로 병원에서 약물 치료까지 받는 상황에 이르렀다.

A 대위는 이러한 과정을 겪으면서 군 생활에 대해 회의감을 느낄 수밖에 없었다. 더 큰 문제는 정신 건강이 회복되지 않는 것이었다. 더 이상은 군 생활이 어렵다고 판단했다. 그래서 불가피하게 5년 차 전역 지원을 했다. A 대위는 전역 후 7급 행정 군무원을 하고 싶다고 했다. A 대위는 군무원이 되기로 결심을 했음에도, 군무원으로 가는 것이 잘하는 것인지 확신이 없었다. 그래서 상담을 통해 답을 듣고 싶었던 것이다.

(2) A 대위의 경력 분석

나는 A 대위의 고민을 듣고 걱정이 되었다. 그 이유는 A 대위가 군 생활에 대해 회의감을 느끼는데, 군무원 생활을 잘할 수 있을지 걱정되었기 때문이다. 그래서 A 대위가 군무원 외에 다른 일을 할 수 없을지 확인하기 위해 경력을 분석하였다. A 대위의 전공은 군사학이다. 그리고 석사 과정이나 별도로 공부한 것은 없었다. 그리고 자격증은 워드프로세서, 한자, 한국사 등이 있었고 토익 점수는 중상 수준이었다.

A 대위의 군 생활도 5년이라는 기간으로 짧은데, 다른 직업과 연관시키기에는 업무 관련성이 적었다. 이런 경우 군에서 쌓은 경력을 사회에서 이어나가기가 쉽지 않다. 그래서 군 경력을 꼭 활용하려고 하면 군무원 외에 선택지가 별로 없어 보였다. 더군다나 취득한 자격증과 토익 점수 정도면 가산점을 받기에 충분했다. 하지만 사관학교 출신이 장기간 군무원으로 근무하려는 점이 아쉬웠다.

(3) A 대위를 위한 조언

나는 상담까지 요청받았는데, "군무원밖에 없네요"라는 말을 하고 싶지는 않았다. 그래서 A 대위가 군무원으로 근무하면서, 앞으로 좀 더 진취적으로 살 수 있도록 조언하기 위해 고민했다. 왜냐하면 A 대위는 안정적으로 군무원으로 근무하겠지만, A 대위의 동기들은 승승장구하며 더 높은 계급으로 진급할 때 그들과 비교하면서 우울해질 수 있기 때문이다. A 대위가 더 높은 계급장을 갖지 못한다면 대신 남들이 부러워할 만한 다른 것들을 갖추면 좋겠다고 생각했다. 그래서 나는 A 대위가 군무원이 되는 것에 대해 공감하면서, 적극적으로 재테크에 도전하라고 애기했다.

참고로 A 대위의 배우자도 군인이다. A 대위가 군무원이 된다면 둘 다 정년까지 대단히 안정적인 직업에서 근무하는 것이다. 둘 중 한 명은 공격적인 재테크를 해서 부를 쌓으라고 권유했다. 배우자가 현역 군인이기 때문에 A 대위는 적극적인 재테크를 할 수 있는 여건이 좋다. 아무래도 현역 군인은 특이 상황이 생기면 재테크에 집중하기가 쉽지 않다.

재테크를 하기 위해서는 자신과 잘 맞는 자산 분야를 하나 선택하여 관련 서적 100권을 읽어보라고 했다. 이것은 재테크를 공부하는 사람들이 많이 쓰는 방법이다. 그리고 시간을 내어 재테크 유료 강의도 듣고 투자 경험을 쌓으라고 했다. 특히 배우자가 현역 군인이기 때문에, 부동산 투자에 유리한 점이 많다. 현역으로서 할 수 있는 부동산 재테크 관련된 내용은 제6부의 「3. 내 집 마련을 통한 부동산 재테크 기회」를 참고하기 바란다.

》 4. 소방 공무원 시험 낙방 후 진로 방향을 고민하는 예비역 B 중사

(1) B 중사의 고민

B 중사는 전문대 부사관학과 졸업 후 특수부대에서 근무하다가, 사회 경험을 쌓아 새로운 환경에서 근무하고 싶어서 전역을 선택했다. 전역 후 소방 공무원에 두 번 응시했으나 불합격했다. 공공기관에서 운영하는 청년 인턴십(행정보조)으로 일했으나, 계약 기간이 지나서 다시 취준생으로 돌아왔다. 그렇게 어느덧 전역 후 약 2년의 시간이 지나가버렸다.

상담 당시 B 중사는 20대 후반의 나이가 되면서 취준생의 생활이 점점 더 불안하였다. 상담 당시에는 취업하기 위한 자격증을 준비하고 있었고, 여러 회사 채용 공고에 지원을 했으나 계속 불합격했다. B 중사는 현재 시점에서 앞으로 어떻게 해야 할지 고민이라고 했다. B 중사 입장에서 나름 노력을 다 했지만 직장을 구하지 못한 것이 힘들다고 한다.

(2) B 중사의 경력 분석

B 중사는 부사관학과 졸업 외에는 학력이 없었다. 1종 보통 대형, 드론 자격증, 태권도 4단 등 소방 공무원 시험에 가산점이 될 만한 자격증은 취득하였다. B 중사의 경력은 전형적인 전투 병과 경력 외에는 없다. 이것은 야전 군인의 보통 경력인데, 이 경력은 아쉽지만 사회에서 활용하기가 쉽지 않다. 이런 경우 자신만의 특별한 경력을 다시 만드는 것이 나을 것 같았다. 준비 없이 전역한 B 중사가 안타까웠다.

B 중사가 취업 방향을 정하지 못하는 것도 문제지만, 너무

다양한 분야의 취업 방향을 고려하는 것이 더 문제라고 생각했다. B 중사는 소방 시험 2회 불합격 후 제조업 회사에 수차례 도전했다가 실패하고 산업 안전, 위험물 관리, 기계 정비 관련 산업 기사를 준비 중이다. 문제는 지금 준비 중인 자격증도 서로 다른 영역의 자격증들이다. 나는 B 중사가 자격증 공부만 하다가 시간이 지나가버릴 것 같아 걱정되었다. 현역들이 곧잘 하는 실수인, '자격증만 따면 취업이 잘되겠지?'라는 전형적인 오류에 빠진 것 같았다. 또한 나는 B 중사로부터 "군 경력을 살리기 위해 방산 업체도 고려 중입니다"라는 말을 듣고 더 답답해졌다.

(3) B 중사를 위한 조언

나는 B 중사에게 정말 하고 싶은 일이 무엇인지, 직업을 선택하는 데 가장 중요한 것이 무엇인지 물었다. B 중사는 너무 다양한 진로를 고려하고 있어서 범위를 좁히는 것이 필요했다. B 중사는 구체적으로 희망하는 직업군은 없지만 안정적인 직업을 갖고 싶다고 한다. 나는 여러 고민 끝에 B 중사는 어느 산업군에 특화된 것이 없는 점, 자격증 공부를 하면서 취업할 수 있는 좋은 시간이 지나가버릴 수 있는 점, 여러 생산 업체 취업도 하지 못한 점 등을 고려해서 지금 시점에서 안정적인 직업으로 소방관 시험을 준비할 것을 얘기하고 싶었다. 그리고 소방관 시험에서 불합격한 이유를 본인이 정확하게 알고 있기에, 소방관 시험에 다시 도전하는 것이 다른 자격증을 준비하는 것보다 빠를 것 같았다.

나는 통상 상담자와 메일로 의견을 주고받는데, B 중사는 전화 통화를 요청하였다. 그러나 B 중사가 전화 시간 약속을 지키지 않았고, 그 이후 연락이 두절되었다. 그래서 아쉽게도 마지막 상담을 하지 못했다. 이 글을 쓰면서 B 중사가 어떻게 되었을지 궁금하다. B 중사가 좋은 직업을 찾았기를 바란다.

여러분 중에 B 중사와 같이 전투 병과 야전부대의 경험밖에 없는 분이 있다면 이 경력을 사회에서 활용하기는 쉽지 않다. 그래서 만약 전역을 생각한다면 야전부대에서도 취업을 희망하는 산업군과 유사한 직위로 옮기든지, 대학원에 진학하여 관련 학력을 만들거나 사회에서도 경쟁력이 있는 자격증을 취득하는 것이 필요하다. 전역 후 취업을 하려면 미리 준비를 해야 한다. 준비 없이 막상 전역을 하면 여러 가지 준비만 하다가 취업에 유리한 연령대가 지나가버릴 수 있다.

4부

전역
(전직, 이직)
준비 프로세스

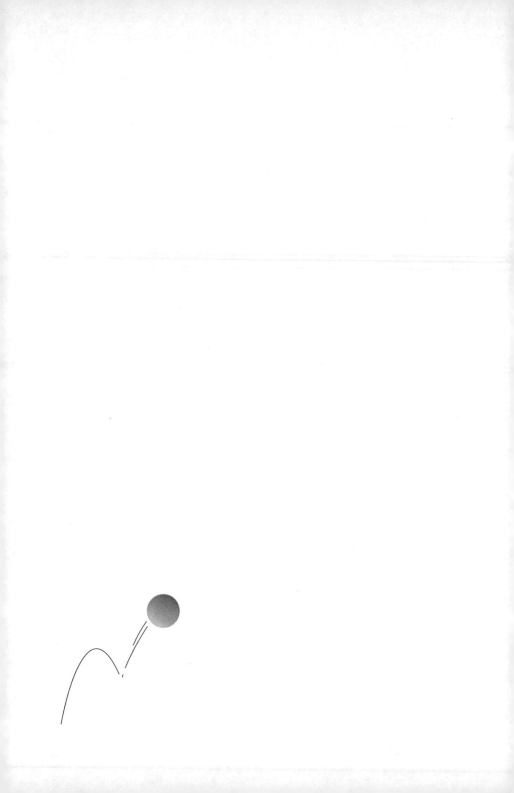

» 1. 전역(전직, 이직) 준비 프로세스가 필요한 이유

　현역들에게 전역 후 계획을 질문하면 자동 반사적으로 예비군 지휘관 혹은 비상기획관이 되거나 군무원 시험을 보겠다고 답변한다. 또는 가끔 프랜차이즈 식당을 창업하려는 분도 계신다. 이런 직업들이 좋지 않다는 의미는 아니다. 선택할 수 있는 다양한 직업들이 있는데 너무 천편일률적으로 생각하는 것이 아쉬워서 언급한 것이다.

　현역들 중에서 전역 후 할 수 있는 일이 너무 없다며, 무엇을 할지 고민하다가 시간만 보내는 분을 많이 보았다. 통계 자료를 보면 직업 군인이 전역하는 평균 나이는 30대 후반이다. 이 나이로는 공채로 회사에 취업하는 것도 쉽지 않은 것이 현실이다. 그래서 현역들은 전역 준비를 하는 데 어려움이 많다.

블로그를 통해 여러 현역들을 상담하다가, 전역 준비 절차에 대해 나름의 프로세스를 만들어보았다. 이것은 단지 하나의 큰 원칙으로서 제시한 것이며, 모든 상황에 대입할 수는 없다. 그러나 아무것도 없는 상황에서 시작하는 것보다 도움이 될 것 같아서 프로세스를 만들어보았다. 혹시 전역을 결심하고 이미 준비 중인 현역이나, 차후에 전역을 준비할 현역들이 참고할 수 있는 팁으로 활용되었으면 좋겠다.

나는 군 경력으로 취업했다

» 2. 전역(전직, 이직)을 결심한 이유는 무엇인가

앞에서도 얘기했지만, 나는 무조건 전역하라는 뜻으로 책을 쓴 것은 아니다. 나는 군을 사랑하지만, 진급이라는 한계에 부딪혀 전역할 수밖에 없었다. 그래서 첫 번째 프로세스는 왜 전역을 결심한 것인지 묻는 것이다. 블로그를 통해 상담을 해보면 여러 사유가 있었다. 가족과 떨어져 사는 것이 너무 힘들다고 한 분도 있고, 적성에 맞지 않는 분도 있고, 군 문화에 적응하기 어려워 새로운 일자리를 구하는 분도 있었다.

각자의 상황은 다르다. 그런데 굳이 전역을 결심한 이유를 물어보는 것은 목적이 있어서다. 군에서 전직을 할 때에는 진직 준비라는 힘든 과정을 거칠 수밖에 없고, 심적으로 미래에 대한 불안감이 자주 찾아온다. 따라서 우리 스스로 전역 결심에 대한 대의명분을 정확하게 각인시키기 위한 것이다.

나는 대위 때 전역을 결심한 후 어떤 준비를 해야 할지 몰라서 무작정 토익 공부와 대학원 공부를 시작했다. 그 당시 나는 '역량을 쌓다 보면 취업할 회사는 있지 않을까' 하는 막연한 계획이 있었다. 너무 막연하다 보니 미래에 대한 불안감이 나를 괴롭혔고, 이로 인해 공부를 안 하고 술을 마시며 슬럼프에 빠지거나 방황하는 경우가 자주 있었다.

따라서 전역 결심에 대한 명확한 이유를 스스로에게 각인시키고 자신의 진로를 명확하게 정하자는 것이다. 이직 성공 사례에서도 보았듯이, 자신의 목표가 분명한 사람들은 끊임없이 노력하여 성공한 것을 보았을 것이다. 그래서 전역을 하는 이유와 전역 이후 목표에 대해 추상적으로 생각하기보다는 아주 구체적으로 생각해보는 것이 중요하다.

나는 군 경력으로 취업했다

» 3. 노후 자금 계산해보기

재테크 교육을 받아본 분이라면, 노후 자금 계산을 한 번 쯤 해보았을 것이다. 한 번도 해보지 않았다면 지금 해보면 된다. 처음 해보는 분이라면 노후에 필요한 자금이 생각보다 많아서 충격을 받을 수도 있다. 나도 그랬다. "세상에! 노후에 이렇게 많은 돈이 필요하다니, 욕심이 많은 건가…?"

각자의 재정 상태가 모두 다르다. 그래서 전역 후 다른 직업군을 선택해야 할 때 임금에 대해서도 확실하게 체크해야 한다. 노후에 얼마가 필요한지 계산해보았다면 나의 재정 상황은 현재 어디쯤에 있고, 앞으로 어느 정도 수입이 들어와야 나와 내 가족의 노후 생활이 안정적일지 확인할 수 있을 것이다. 이 목표 금액을 눈으로 확인하면 자신이 설정한 목표가 흔들리지 않을 수 있다.

노후 자금 계산이나 '나의 인생 목표(비전 보드)'를 작성할 때는 가급적 이미지와 함께 만들었으면 좋겠다. 베스트셀러였던 『시크릿』 책을 보면, 내가 원하는 미래를 그림(또는 각인)으로 그려서 보이는 곳에 두고 간절히 바라면 이것을 이룰 수 있는 에너지가 생긴다고 했다. 수험생들이 공부할 때 자신의 목표를 책상 앞 또는 노트에 써놓는 것과 같은 이치이다.

아래 그림은 내가 몇 년 전 인생 목표를 계획할 때 만들어 본 것이다. 건강한 나의 모습과, 서울에서 한강이 보이는 내 집 마련, 성장하는 투자자, 나의 드림카, 세계 여행, 월세 받는 건

나의 비전 보드

나는 군 경력으로 취업했다

물주를 생각했다. 여러분도 이렇게 한 장으로 만들어 책상이나 침대 옆에 붙여놓고 항상 목표를 상기하기 바란다.

그다음은 실제 노후에 얼마가 필요한지 예시로 계산해보겠다. 먼저 나는 한강 뷰가 보이는 서울에 내 집을 마련하는 데 약 20억 원이 필요하다고 계산했다. 한 달 생활비는 물가를 고려해서 월 300만 원이 필요하다. 나는 건강해서, 병원비는 연 500만 원 정도는 소요될 것이라고 생각했다. 매년 해외여행을 갈 계획이기 때문에, 여가비를 연 2,000만 원으로 계산했다. 이 외에도 자녀가 결혼하면 지원금 명목으로 준비해야 할 자금 등을 기타비로 포함하자. 구체적일수록 좋다.

나는 만 60세에 은퇴한다고 생각하고 80세에 사망하는 기준으로 해보았다. 그렇다면 주거비 20억 원, 생활비 7.2억 원(월 300만 원 × 12개월 × 20년 = 7.2억 원), 병원비 1억(연 500만 원 × 20년 = 1억 원), 여가비 4억(연 2,000만 원 × 20년 = 4억 원)이다. 결론적으로 기타비를 제외하고 나의 노후 자금(예시)은 총 32.2억 원이 필요하다. 여기서 현재 내가 가지고 있는 자산을 뺀다면 앞으로 얼마가 더 있어야 하는지 대략 계산할 수 있다.

내가 계산한 위의 예시를 고려하자면, 나는 60세까지는 돈을 벌어야 한다. 그러기 위해 꾸준한 임금 혹은 수입이 필요하고, 재테크를 통해 추가적인 자산을 축적해야 노후에 문제가 없을 것 같다. 나만 그럴까? 여러분도 노후 계산을 해본다

면 경제 활동에 대한 목표가 생길 것이다. 나도 몇 년 전에 이
것을 계산하면서 앞으로 어떻게 일을 하고 재테크를 해야 할
지 방향을 세울 수 있는 계기가 되었다. 여러분도 꼭 해보길
바란다.

나는 군 경력으로 취업했다

》 4. 나의 적성은 무엇이며, 어떤 직업군에 도전할 것인가

(1) 직업 심리 검사

　여러 현역들을 상담하다 보면, "저의 경력 정도면 어느 회사에 지원하면 될까요?" 또는 "무엇을 해야 할지 모르겠습니다. 저는 어떤 직업을 갖는 것이 좋을까요?"라고 물어본다. 이렇게 물어보면 전문적인 직업 상담사라고 해도 답을 할 수 있는 사람은 없을 것이다. 그 이유는 직업을 찾는 사람의 적성이나 흥미, 재정적 목표 등을 모르기 때문이다. 군 복무를 했다고 모든 사람이 동일한 성향을 갖고 있는 것은 아니다. 너무 막연하다면, 직업에 대한 몇 가지 검사들을 해보고 참고할 수는 있다.

한국고용정보원에서 운영하는 Worknet에 들어가면 직업 심리 검사를 무료로 할 수 있는 곳이 있다. 여러 가지 검사를 해보면서 직업 선호도, 구직 준비 정도, 직업 적성도 등에 대해 확인할 수 있다. 이직이나 전직을 하는 것이 너무 막막하다면, 구직에 대한 방향성을 정하는 데 도움이 될 수도 있다. 실제로 민간이나 공공 직업 상담 시 이러한 검사 도구를 이용한다.

(2) 자신에 대해 평가하기

전역을 결심했다면, 전역 후 어떤 직업으로 생계를 꾸려갈 것인지 막막함이 몰려올 것이다. 직업 군인이 전역을 하면 크게 3가지 분류로 갈 수 있다. 첫째, 군과 관련된 직위 시험(예비군 지휘관, 비상기획관, 군무원 등) 또는 경력직 공무원 시험이 있다. 둘째, 일반 회사에 취업하는 것이다. 셋째, 창업을 하는 것

나는 군 경력으로 취업했다

이다. 여기서 크게 3가지 분류로 구분했지만, 둘째와 셋째의 경우도 다양한 선택지가 있다.

그래서 나는 이렇게 3가지만 놓고 접근하는 방법은 추천하지 않는다. 그 이유는 자신의 역량과 특기를 고려하지 않고 직업군부터 고려하기 때문이다. 제2의 인생을 살아야 하는데 정말 자신이 잘할 수 있고 좋아하는 일을 하는 것이 중요하다. 따라서 전역 후 직업을 선택하기 전에 자신에 대한 평가가 선행되어야 한다.

그래서 직업 심리 검사를 완료했다면, 자신에 대해 객관적으로 평가해야 한다. 전공과목은 무엇인지, 특기와 취미는 무엇인지, 정말 해보고 싶었던 일은 없었는지 스스로 생각해보는 것이다. 자신을 평가하는 시간에는 정말 냉정한 시선으로 고민해야 한다. 생각만 하지 말고, 흰 종이를 꺼내서 종이에 써보자. 자신을 돌이켜보면 어떤 분야의 일을 해야 할지 어느 정도 방향성이 나올 것이다. 손품과 발품을 팔아서 수집한 정보를 토대로, 자신이 선택하려는 방향과 자기 평가한 것을 검증해야 한다.

사관학교 출신 현역들의 경우 사관학교 특성상 전공이 있긴 하지만 대부분 군사학이라고 걱정들을 한다. 이런 경우에는 너무 전공에 얽매이지 말고 자신의 특기와 취미 또는 하고 싶은 일이 있는지 물어본다.

군 관련 시험에 대해서는 공지가 되기 때문에 정보 파악이 용이하나, 일반 회사 취업과 창업에 대해서는 현역들이 정보를 수집하는 데 한계가 있다. 그래서 필요하다면 전역 후 사회생활을 하고 있는 지인들과 상담도 해보고, 인터넷이나 책을 통해 여러 자료를 찾아보는 것을 권장한다.

(3) 직업 선택 시 고려하는 가치의 우선순위

자신에 대한 평가가 끝났다면, 그다음은 직업을 선택할 때 내가 어떤 가치를 가장 중요하게 생각하는지 우선순위를 정해보는 것이다. 예를 들면 돈, 자유로운 시간, 근무 지역, 고용 안정성, 명예 등을 말하는 것이다. 자신이 전역을 결심할 때 영향을 끼친 요인들이 있을 것이다. 어떤 분들은 가족과 함께 거주할 수 있는 지역을 우선순위로 하는 분들이 있고, 어떤 분은 월급이 적더라도 안정적인 직업을 희망할 수도 있다. 또 어떤 분은 높은 연봉과 워라밸을 모두 고려하는 분도 있을 것이다.

직업 선택 시 고려하는 가치의 우선순위를 묻는 이유가 있다. 신중하게 고민해서 전역을 했는데, 그다음 직업을 더 신중하게 선택하도록 유도하기 위한 것이다. 예를 들어 봉급에 불만족하여 전역했다고 하자. 그다음 직업은 무언가 이전 직업에서 불만족했던 요인을 상쇄시켜줘야 할 필요가 있다고 생각한다. 전역 후 직업 선택 시 고려하는 중요 가치를 순위대로 한번 써보자.

≫ 5. 원하는 직업을 얻기 위해 준비해야 할 것은 무엇인가?

전역 후 직업 선택의 방향이 정해졌다면, 이제는 준비해야 할 것들을 확인하는 단계다. 군 관련 직위 시험은 구체적으로 공지되기 때문에 더 이상 언급하지 않겠다. 창업 또는 사업에 대해서는 나보다 더 전문가가 있기 때문에 내가 언급하는 것은 적절하지 않은 것 같다. 시중에 관련 교육 프로그램도 굉장히 많다. 그래서 이 책에서는 회사에 취업하는 방법을 중점적으로 설명하겠다.

회사에 취업을 하려고 해도 다양한 직업군이 존재한다. 자신의 전공, 특기, 취미, 하고 싶은 일 등을 고려하여 특정 직종을 정했다고 가정해보자. 그렇다면 그 직종에는 어떤 회사들이 있는지 찾아보고, 가고 싶은 회사 10~20곳 정도로 목록을 만들어보자. 그리고 그 회사들의 채용 공고를 분석해보자. 어떤 자격 사항을 요구하는지 확인해야 한다. 특정 직종 회사들의 채용 조건을 읽어보면, 능력 및 자격 조건(Job description)이 유사하다. 그런데 어떤 회사는 특정 자격증을 우대해주는 곳도 있고, 필수인 곳도 있다. 자신이 정한 직종의 회사들이 요구하는 자격 조건이 무엇인지 분석하자는 것이다.

상담을 하다 보면, 상담자들이 "군 경력을 사회에서 인정받을 수 있을까요?"라고 질문하는 경우가 있다. 나도 군 경력으로 취업했다. 군 경력을 인정해주는 회사를 찾으면 된다. 군 경력을 인정해주지 않는다면, 자신의 직무 경험 또는 특기를 인정해주는 곳을 찾아야 한다. 그리고 어떤 상담자들은 "저는 무조건 대기업으로 가고 싶은데, 경력을 인정해주는 곳이 없는 것 같아요"라고 푸념한다. 물론 큰 기업에 가면 임금과 복지가 좋지만, 자신이 갈 수 있는 상황과 여건이 안 된다면 작은 회사에서 직무 경력을 쌓고 큰 회사로 이직하는 방법도 있다.

》 6. 취업 전략 세우기

이전 단계에서 취업하고 싶은 10~20개 회사의 목록을 만들었고, 채용 공고도 많이 보았을 것이다. 그리고 채용 공고에서 요구하는 사항이 무엇인지 확인했을 것이다. 이제 자신에게 필요한 업무 능력과 자격 요건, 그리고 어떤 경력이 필요한지 목록을 만든다. 그 목록을 보면서 자신이 현재 갖춘 것은 무엇인지, 보완해야 하는 것이 무엇인지 확인해본다. 여기까지 확인했다면 이제는 자신이 준비해야 할 것들의 목록이 완성된 것이다.

완성된 준비 목록을 보고, 자격증 취득 공부를 하거나 대학원 공부를 해도 좋다. 그런데 특정 업무 경력을 요구한다면, 이와 유사한 군내 보직으로 옮기는 방법도 제안한다. 군과 민간 회사의 환경은 서로 다르지만, 유사 업무의 경력이라도 있어야 이력서를 쓸 때 활용할 수 있다. 또한 동일한 법규를 근거로 이루어지는 업무라면 배경지식이라도 쌓을 수 있다. 작성한 목록을 보면서 각 건마다 언제까지 준비가 완료될 수 있는지 계획을 세운다. 가급적 자신이 희망하는 전역 일자에 맞춰서 준비가 완료되도록 하는 것이 좋을 것이다.

상담을 하다 보면, 현역들이 가끔 대기업 위주로 목록을 만들어서 보여주는 경우가 있다. 누구나 인지도 있고 큰 회사에 취업하여 고액 연봉을 받고 싶어 한다. 그런데 자신의 현재 경력과 전문성은 어느 수준인지 냉철하게 판단해야 한다. 그래서 이전 단계에서 각 회사의 자격 요건이 무엇이며, 자신이 부족한 것이 무엇인지 잘 확인한 후 준비해야 한다.

나는 중소기업 취업도 좋다고 생각한다. 중소기업의 장점은 임금 피크제가 없는 곳이 많다는 점이다. 그래서 정년이 없는 곳도 많다. 중소기업 CEO로부터 능력을 인정받아 80세까지 임원으로 계시는 분도 본 적이 있다. 대기업은 어떤가? 대기업은 연봉을 더 받고, 회사의 인지도 등 좋은 점이 있다. 그러나 임원이 아닌 이상 임금 피크제가 있으며, 대기업 업무 구조상 개인의 역량이 보이지 않는 경우도 있다. 장단점이 있으니, 자신의 역량과 전문성에 초점을 맞추어 회사를 찾기 바란다.

나는 군 경력으로 취업했다

» 7. 도전하기

　　다음은 이력서를 쓰는 단계다. 이력서도 많이 써볼수록 완성도가 높다. 어떻게 하면 회사에서 원하는 사람으로 돋보일 수 있는지 많은 고민이 필요하다. 한 장짜리 이력서뿐만 아니라 경력 기술서도 중요하다. 즉, 단편적인 근무 경력만 있는 이력서보다 자신이 어떤 업무를 했는지 그 채용 조건에 맞게 경력 기술서를 잘 작성해야 한다.

　　요즘 평생직장은 없다. 더 좋은 조건을 제시하면 자유롭게 이직할 수 있다. 인사 담당자들 설문 결과, 통상 2~3번의 이직에 대해서는 긍정적으로 평가한다는 의견이 많다. 한번 옮기기가 어렵지, 한번 옮기고 나면 쉽게 이직할 수 있다. 이력서를 제출하고 불합격했다고 절망할 필요는 없다. 우리나라에는 많은 회사들이 있다. 이력서를 계속 내다 보면 자신과 맞는 회사가 나타날 것이다. 얼마 전 대기업에 다니다가 다른 회사로 이직한 친구의 이야기를 들었는데, 그는 이직할 때 이력서를 100번 정도 썼다고 한다. 현재 직장인도 이 정도는 쓴다고 생각하면, 몇 번 불합격했다고 절망하지 않았으면 한다. 스스로 주눅들지 말자.

다만, 불합격했다면 왜 불합격했는지 확인해야 한다. 부족한 점은 계속 채워나가면 된다. 그래서 완벽하게 준비되지 않았더라도 일단 이력서를 내보는 것도 방법이다. 특히, 의무 복무 기간이 곧 종료되거나 경과된 분들은 완벽하게 준비되지 않았더라도 채용 공고를 보며 우선 지원해보는 것을 권장한다. 취업을 한다면 한 살이라도 어릴 때 취업하는 것이 가장 좋다. 이렇게 계속 도전하다 보면 합격할 것이고 전역하는 날을 맞을 것이다. 도전해보자!

현역으로 업무를 하다 보면 채용 공고를 놓치는 경우도 있다. 요즘 구직 관련 좋은 웹사이트가 굉장히 많다. 많이 활용하는 웹사이트를 아래 표로 정리했다. 자신에게 필요한 웹페이지 서비스에 미리 가입해두면 도움이 된다. 다만 요즘 많이 쓰는 링크드인(Linkedin) 사용 시, 현역은 군사보안에 문제가 있을 수 있으니 유의하기 바란다.

구직 관련 참고 웹사이트

분류	웹사이트	주요 업무
일반 이직	잡코리아	구인구직 사이트, 헤드헌터 추천 가능
일반 이직	사람인	기업 연봉 정보, 이직 채용 정보, 헤드헌터 추천 가능
일반 이직	원티드	스타트업 이직, 경력직 중심 이직
경력직 이직	리멤버 커리어	경력직 이직 전문 헤드헌터 플랫폼
경력직 이직	비즈니스 피플	경력직 이직 전문 사이트, 헤드헌터 추천 가능
헤드헌터 추천	블라인드 하이어	외국계, 대기업, 스타트업 이직 헤드헌팅 플랫폼
기업 리뷰	잡플래닛	기업 연봉 정보, 채용 정보, 면접, 복지 리뷰
공공기관 이직	나라일터	공무원, 공공기관 이직, 채용 정보
공공기관 이직	알리오	공공기관 이직 정보 ※ 웹페이지 경영공시 → 주요수시공시 → 채용 정보

5부

전역 후
사회생활
적응하기

≫ 1. 사회는 군대와 다르다

전역(전직) 후 사회생활을 잘하는 분들도 계시지만, 그렇지 못해 사회생활을 어렵게 하시는 분들도 많이 보았다. 이렇게 말하는 나도 사회생활 적응이 마냥 쉽지만은 않았다. 그래서 동일한 실수를 하지 않도록, 사회에 먼저 나온 선배로서 몇 가지 얘기하고 싶다. 이것은 꼭 군 출신뿐만 아니라 공무원 출신들도 참고하기 바란다.

» 2. 권위의식 버리기

군 출신이나 공무원 출신들은 과거 근무했던 기관과 소속에 대해 자부심이 강한 경향을 가지고 있다. 나도 마찬가지였다. 그 정도의 애사심이 없었다면 그렇게 장기간 근무하지 않았을 것이다. 그러나 어떤 분들은 이 자부심이 지나쳐, 자신의 과거 직급과 권위를 현재 소속된 회사에서 과시하거나 같은 대우를 기대하는 분들이 종종 있어서, 가끔 동료나 상사와 갈등을 초래하기도 한다.

과거는 과거이지 현재가 아니다. 현재 당신은 누구인가? 과거는 추억일 뿐, 현재의 위치에 집중해야 한다. 과거의 직급

나는 군 경력으로 취업했다

으로 당신을 대우해주는 사람은 없을 것이다. 물론 예우는 해줄 수 있지만, 모든 사람이 당신에게 예우를 갖춰야 한다는 생각은 하지 말자. 당신은 과거를 사는 사람이 아니라 현재를 사는 사람이다. 현재의 위치에서 더 발전하는 사람이 되기를 바란다. 회사는 과거 직급이 아니라, 현재 당신의 능력만 냉정하게 바라본다.

과거 근무했던 이야기는 가급적 하지 말자. 주변을 둘러보면 옛날에 잘 안 나간 사람 없다. '여자들이 가장 싫어하는 말이 군대 이야기, 그다음이 군대에서 축구한 이야기'라는 농담도 있다. 과거 이야기를 하면 과거에 함께 있었던 사람 외에는 좋아하지 않는다. 과거에 함께 일한 사람이라도 계속 과거 이야기만 한다면, 배울 점이 없어서 만나는 것을 꺼려할 것이다. 이직한 직장인도 현재 회사에서 과거 회사 이야기를 하면 좋아하지 않는 것을 잘 안다. 심리학적으로 과거 이야기를 많이 하는 사람은 현재가 과거보다 행복하지 않은 사람이라고 한다. 굳이 상대방에게 지금 행복하지 않다는 심리 상태까지 보여줄 필요가 있을까?

» 3. 존대하기

군 또는 공무원 출신들은 나보다 나이가 어리거나 직급이 낮다는 이유로 반말을 하는 경우가 있다. 그런데 회사 생활은 그렇지 않다. 상대방이 정말 친해져서 말을 편하게 하자고 먼저 제안하지 않는 이상 반말을 하는 것은 결례다. 동료와 어느 정도 친해졌다고 혼자 생각하고, 은근슬쩍 반말로 결례를 범하는 경우를 종종 본다.

회사는 계약으로 맺어진 관계고 나이와 상관없이 능력 우선이다. 따라서 회사 내에서는 서로 존중해야 한다. 업무는 능력으로 하는 것이지, 나이로 하는 것이 아니다. 실제로 스타트업에는 나보다 10~20살 젊은 대표들도 많다.

» 4. 메일이나 SNS로
부드럽게 의사소통하는 법

요즘 회사에서는 메일로 업무를 하는 경우가 대부분이다. 그런데 군 출신들은 사용하는 단어나 표현이 다소 강하여 오해를 유발하는 경우가 종종 있다. 업무 공유를 하거나 결과 보고를 위해 작성한 메일 내용 중 어떤 단어나 문장이 본인의 의도와 달리 상대방의 오해를 사서 불화와 갈등의 원인이 되는 경우도 있다.

나 또한 오해를 받아 한동안 고생한 적이 있다. 특히, 동료나 상사가 여성일 경우 단어 선택 등에도 주의하도록 한다. 이는 문화적 배경의 차이 때문이다. 구체적으로 몇 가지 알아보자.

(1) 메일이나 SNS(카카오톡, 메신저 등)의 특성

메일이나 SNS(카카오톡, 메신저 등)은 모두 간접적인 의사소통 방법이다. 고로 상대방의 눈빛, 목소리 톤, 표정 등이 바로 보이거나 들리지 않는다. 따라서 상대의 의도나 미묘한 뉘앙스가 바로 전달되지 않는 매체다. 즉, 메일을 받는 사람이 메일을 보내는 사람의 의도와 달리 전혀 다른 방향의 오해를 할 여지가 있다는 말이다. 따라서 업무 메일의 경우는 아래와 같은 점에 유의한다.

① 빠른 답장

특별한 이유가 없는 한, 너무 늦지 않게 답장을 한다. 늦게 답장하는 것도 예의에 어긋난다.

② 인사말

업무 메일에도 첫 한 줄은 가볍게 상대방의 안부를 묻고,

마지막 한 줄은 감사를 표현한다. 다소 형식적이긴 하지만 잊지 말라. 맺음말이나 맺음 인사가 없는 메일을 보면 답장하기 싫어진다.

③ 전자 서명

업무 메일이라면 전자 서명을 붙이는 게 기본이다. 직급, 부서, 연락처 등이 기재되어야 한다.

④ 완곡한 표현

너무 직설적인 표현은 삼간다. 같은 표현이라도 상대의 기분이 상하지 않을 정도로 적당한 톤을 선택하여 표현한다.

⑤ 부드러운 표현

공무원이나 군 출신의 경우 간혹 남을 가르치려 든다는 말을 듣는다. 부하 직원에게 메일을 보낼 때도 일방적이거나 단정적인 말투, 권위적인 태도는 버리고 논리적으로 설득하거나 부드럽게 제안하거나 부탁하는 뉘앙스를 사용하자. 여성들의 경우 강한 논조의 메일을 받으면 위협적으로 느낄 수 있다. 의견 충돌이 있을 경우 강하게 자기 주장을 관철시키려 하지 말고 부드러운 톤으로 가볍게 제안을 해보자.

⑥ 정확한 호칭

상대방에게 정확한 호칭과 존대를 한다. 직급이 있다면 정확하게 붙인다. 상대가 평사원이라면 그 조직의 공식 타이틀을 쓰면 된다. '님'이나 '매니저', '프로' 등 요즘은 조직마다 다양한 공식 타이틀이 있다.

⑦ 발송 전 검토

메일 내용 중에 오해를 불러일으킬 수 있는 표현이나 단어가 있는지 두세 번 검토하고 보내도록 한다. 메일은 가능하면 감정을 덜어내고 사실만 담도록 한다.

⑧ 전화나 구두로 논의할 사항

    전달할 내용 중 책임 소재가 민감한 내용이나 다툼의 여지가 있는 부분이 있다면 메일보다는 차라리 전화를 걸거나 만나서 직접 눈을 보고 이야기하자. 직접 이야기하면 감정이 한결 누그러질 수 있다.

⑨ 정제된 표현과 예의

    일을 하다 보면 타 부서나 같은 부서 사람과도 업무에 대한 이해가 달라 서로 잘잘못을 가지고 다툴 수 있다. 이럴 땐 더욱 예의를 갖추어 사실만을 메일에 적도록 한다. 감정이 앞서더라도 정제된 문장과 표현을 위해서 메일을 세 번 이상 검토하고 보낸다.

⑩ 단어 선택의 중요성

    메일은 기록으로 남는 자료다. 단어 하나하나를 고를 때 신중하게 고르자. 혹시나 불미스러운 일이 생겼을 때 근거 자료가 될 수 있다.

(2) 군대식 표현은 금물

　상대방과 소통할 때 군 용어를 쓰는 경우, 군대를 다녀오
지 않은 민간인들이 보기에는 상당히 권위적이고 강압적이라
고 오해할 수 있다. 단어 선택에 유의하도록 한다. 명령조, 단
답형 문장, 군대식 한자어 표현 등도 비호감이나 오해를 초래
할 수 있으며 꼬장꼬장하고 답답한 인상을 줄 수도 있다. 새로
입사한 회사에서 자주 쓰는 용어와 표현이 있다면 배워서 써
보도록 하라. 군대식 표현을 고집하지 말라.

나는 군 경력으로 취업했다

(3) 단독방에서

SNS로 소통하는 경우 동료나 부서원들의 단독방이 있거나, 회사 메신저 등으로 소통하는 경우가 있다. 메일과 마찬가지로 얼굴, 목소리, 표정이 직접적으로 보이지 않는 매체이므로 더 예의 있게 의사소통을 하되, 분위기나 상황에 따라 과하지는 않게 이모티콘 등을 사용해도 좋다. 주변 사람들과 톤을 맞춰야 한다. 이성과의 의사소통의 경우, 성희롱 등의 여지가 있으므로 친한 동료라 할지라도 외모에 관한 주제는 유의해야 한다.

(4) 오해는 빠르게 해소

오해가 생겼을 경우, 빠른 시간 내에 직접적인 의사소통을 통해 상황을 개선시키도록 한다. 길게 끌어 좋을 게 없다.

≫ 5. 식사 에티켓

직업 군인들은 훈련 때부터 빠른 시간 내에 식사를 마치는 것이 익숙하다. 그런데 회사 생활을 하며 동료들과 식사할 때는 속도를 맞추어주는 것이 중요하다. 식사를 하면서 업무나 사적인 얘기를 할 수 있는데, 곧 뛰쳐나갈 사람처럼 식사를 마치면 동석한 사람이 부담스러워한다. 어떤 분들은 본인의 식사를 마치고 동석한 분에게 "저 신경 쓰지 말고 천천히 드세요"라고 친절하게 얘기한다. 이것 또한 동석한 사람을 좌불안석하게 만드는 것이다. 같이 식사를 하는 분이 있다면 속도를 맞추어 대화도 하면서 식사하는 것이 좋을 것 같다. 물론 소리

내지 않고 먹는 것은 기본이다.

　다음은 구내식당에서 벌어질 수 있는 상황이다. 식사를 빠르게 하는 분들 중에 어떤 분들은 상대방이 식사를 하고 있음에도 눈앞에서 잔반 정리를 하시는 분들이 있다. 식사를 하는 상대방은 유쾌하지 않을 수 있다. 식사할 때 음식 외에도 동석한 분을 배려하면 매너 있는 사람으로 평가받을 수 있을 것 같다.

6부

군 생활 때
이것을 미리
알았더라면

» 1. 현역들이 놓치는 것

블로그에서 상담을 하다 보면, 현역들이 놓치는 아쉬운 것들이 있다. 군에서 전역을 하더라도 좋은 경력과 역량, 그리고 자산을 만들어서 전역할 수 있는 꿀팁들이 있다. 현역들이 잘 활용하지 않는 것 같아 몇 가지 선별했다.

나도 현역으로 있을 때 잘 몰랐지만, 전역하고 나니 아쉬운 것들만 정리한 것이다. 못난 선배가 얘기한다고 생각하고 들어주길 바란다.

» 2. 사회에서 누릴 수 없었던 교육 기회

대부분 현역(특히 장교)들은 한 번쯤 위탁 교육 과정에 선발되어 주간 대학원에 다니는 것을 희망 사항으로 생각한다. 그러다가 대학원 다니기 좋은 시기를 놓치는 경우를 종종 보았다. 나도 그랬다. 군 위탁 교육 과정(주간 대학원) 외에 야간 대학원을 갈 생각은 없었다. 그러다가 나는 전역을 결심하고 역량을 키우고자 하는 목적으로 사이버 보안 전공 석사 과정에 지원했다. 현역 때 석사 과정에 입학했고, 이직 후 졸업했다.

현역은 위탁 교육 과정이 아니더라도 야간 대학원에 다니면 통상 40~50% 장학금을 받는다. 나도 현역 당시에는 '50% 학비를 내고 대학원에 갈 필요가 있을까?'라는 생각을 했었다. 지금은 항공우주법 박사 과정을 수료했다. 그래서 50%의 장학금이 이렇게 크다는 것을 실감했다. 직장인이 석·박사 다니는 것은 보통의 투자가 아니다. 경제적으로 부담되는 만큼 가치가 있다고 생각하여 공부하는 것이다.

자신의 역량을 좀 더 업그레이드하고 싶거나 자신의 특기를 새로 만들고 싶다면, 현역일 때 석·박사 과정까지 모두 혜택을 받는 것도 좋겠다. 보통 석사 과정까지 하면 이제 더 이상 공부는 안 하고 싶다는 생각을 한다. 나도 석사 과정을 이수하고 너무 지쳤던 경험이 있기 때문에 그 마음을 이해한다. 그러나 조금만 참으면 자신의 경력을 업그레이드할 수 있는 기회가 올 것이다. 그리고 공부하는 사람은 계속 성장하기 때문에 업무 능력이 향상되는 것 같다. 나는 회사에서 기존 체계에 없던 새로운 업무를 받았을 때 어려운 이슈를 해결하면서 능력을 인정받았다. 석·박사 공부가 문제 해결 능력 향상에 도움이 된 것이다.

≫ 3. 내 집 마련을 통한
부동산 재테크 기회

직업 군인의 경우 결혼을 하면 통상적으로 군 관사에 거주하게 된다. 미혼 간부라고 하더라도 간부 숙소에 거주한다. 기혼이든 미혼이든 거주 비용을 줄일 수 있고, 이때 무주택 기간을 활용해서 내 집 마련을 할 좋은 기회를 만들 수 있다. 직업 군인이 내 집을 마련할 수 있는 방법은 총 3가지다. 군인공제회 특별 분양, 전세 끼고 집 사기, 공공주택 기관 추천 특별 분양이다.

3가지 방법 중 가장 우선순위는 군인공제회 특별 분양이다. 이 특별 분양에 계속 탈락한다면 부동산 하락기에 전세 끼고 집을 하나 장만하는 것도 좋은 방법이다. 이것도 어렵다면 공공주택 기관 추천 특별 분양을 받기 바란다. 특별 분양의 경우 인사 명령을 잘 활용하면 실거주 의무도 없다. 시기를 잘 만나면 분양가 비슷하게 전세를 놓을 수 있으니 큰 혜택이다. 자본주의 사회에서 통화량은 계속 늘어나 장기적으로 인플레이션이 발생한다. 부동산 사이클을 잘 맞추어 집을 산다면, 자산 가치는 증가할 가능성이 높다.

여기서 한 가지 팁이 있다. 군인공제회 특별 분양 또는 공공주택 기관 추천이 각급 부대에 공지되면, 갑자기 서류를 준비할 수 없는 상황에 놓여서 그 시기를 놓치는 경우가 많다. 그래서 평소 이러한 공지를 하는 담당자들과 친하게 지내면서, 공지 전 미리 알려달라고 부탁하는 것이다. 특별 분양 공지를 조금만 일찍 알게 되면 여러분은 휴가를 내고 서류 준비 등을 할 시간을 벌 수 있다.

이것은 어디까지나 직업 군인이 내 집 마련하는 방법을 이야기한 것이기 때문에, 자세한 방법은 나보다는 부동산 전문가들의 책이나 강의를 듣고 공부했으면 좋겠다. 공부를 조금 더 한 분들이라면 해당 지역의 적정 타이밍과 공급량, 거시 경제 등 다양한 요소를 고려하여 부동산 투자를 계속 이어갈 수 있을 것이다.

》 4. 시간 관리와 독서

'시간은 금이다'라는 명언이 있다. 누구나 잘 안다. 그러나 야전부대에 근무하다 보면 지금 퇴근해도 괜찮은 것인지 아닌지 눈치 볼 때가 많다. 특히 장교들은 계속 이어지는 과업과 갑자기 하달된 과업으로 인해 초과 근무가 너무 많은 것이 사실이다. 병력 관리를 위해 면담도 해야 하고, 부대 관리 명목으로 업무가 많다. 나도 아무것도 하지 않으면서 부대에 남아 있는 경우가 많았다. 나는 이렇게 애매하게 있는 시간이 너무 아까웠다.

눈치가 보여서 퇴근을 하지 못하는 경우, 어느 구석 사무

나는 군 경력으로 취업했다

실이나 공간에 가서 책을 읽었다. 눈치가 보이는 곳에 근무할 때는 교범이나 규정이라도 읽었다. 애매하게 눈치 보고 있는 것보다 생산적인 시간으로 만드는 것이 더 좋은 것 같았다. 각급 부대에 비치된 진중 문고 중에는 좋은 새 책들이 정말 많다. 내가 사비를 내지 않고 새 책을 볼 수 있는 좋은 환경이다. 동네 도서관에서 새 책을 빌려 본 경험이 있는 사람은 새 책을 대여한다는 것이 쉽지 않다는 것을 안다.

나는 책을 많이 읽은 사람보다는 책을 정말 많이 읽을 사람이 되기 위해서 지금도 부단하게 책을 읽는다. 독서는 지식을 줄 뿐 아니라 사고력을 키워준다. 내가 어떤 업무를 맡아도 할 수 있다는 자신감이 있는 이유는 이 독서의 힘 덕분이다. 단순한 지식을 얻는 것보다 문제 해결 능력을 키워준다. 내가 아는 부동산 투자 전문가들도 부동산에 대해 아무것도 모를 때 관련 분야 책 100권을 읽다 보면 감이 오기 시작한다고 했다. 이 말에 참 공감이 된다. 독서를 통해 문제 해결 능력을 키워보자.

» 5. 좋은 인연 맺기 - 선생님 만들기

군 생활 동안 만난 인연들 중에는 좋은 인연도 있고 나쁜 인연도 있을 것이다. 특히 나쁜 인연을 만났을 때 그 사람과 다시 안 볼 정도로 척을 지는 경우가 있다. 물론 전역 결심을 한 분들은 '이제 군 생활 더 이상 안 하는데 무슨 상관이 있겠냐?'라는 생각을 할 수도 있다. 그러나 인간관계는 부메랑과 같기 때문에 가능하면 좋은 관계를 유지하기 바란다. 사람은 그 자리를 떠나면 평가를 받는다.

그렇다고 모든 관계에 얽매이라는 얘기는 아니다. 내가 나쁜 인연이라고 생각하면 적정 거리를 유지하면 된다. 즉, 일반

나는 군 경력으로 취업했다

적인 관계를 유지하는 것이다. 나는 이러한 관계보다 군 내에서 좋은 인연을 많이 만들라고 하고 싶다. 내가 말하는 '좋은 인연'이라는 것은 나의 스승과 같은 선후배들을 많이 만들자는 것이다. 어리거나 직급이 낮다고 해서 배울 것이 없는 것은 아니다.

인적 네트워크는 가치로 따질 수 없는 소중한 자산이다. 군 생활도 그렇지만 사회생활도 마찬가지다. 나 또한 나에게 좋은 영향력을 주며 배움을 주는 선후배들이 없었다면 지금의 나는 없었을 것이다. 나는 지금도 내가 배울 수 있는, 여러 직종에 있는 선후배들을 만나 배우려고 한다. 남녀노소 따지지 않고 배울 점이 있다면 나의 좋은 스승인 것이다. 좋은 인연을 많이 만들어서 각 분야의 스승으로 모셔보자.

이렇게 얘기를 하면 항상 무언가 얻기 위해 만남을 하는 것처럼 보일 수 있다. 나는 상대가 좋은 인연이고 나의 스승이라 생각되면 그들을 위해 도와줄 것이 없는지 항상 생각해본다. 인적 네트워크를 갖는다는 것은 서로 상호적인 것이다. 상대방도 내가 도움이 될 만한 사람이 아니면 적당한 거리를 둘 것이다. 일방적인 인간관계는 그렇게 오래가지 못한다. 내가 정말 상대방에게 해줄 것이 없다면 맛집에 가서 밥이라도 사면서 그들에게 조언 또는 도움을 구한다.

지금 나의 인적 자산도 군에서부터 시작해서 해외까지 이러한 방법으로 형성되었다. 내가 과거 몇 차례 중동에 있는 외국군 장교로부터 도움만 받았는데, 나는 그의 부탁을 받고 그분 조카가 MBA 논문을 잘 쓰도록 자료와 방향성을 제시해준 적이 있다. 그리고 나는 상대방이 나를 도와준 것보다 항상 내가 더 먼저 손해를 보는 방법으로 관계를 유지했다. 이러한 관계를 유지하는 분들은 항상 나에게 미안한 마음이 있어서, 내가 오랜만에 연락을 하더라도 언제든지 도와주신다.

그러나 야전부대에 근무하다 보면 다양한 사람을 만나기 어려워 좋은 인연을 쌓기도 어려울 수 있다. 만약 이러한 환경에서 근무한다면 책을 통해 스승을 만나는 것을 추천한다. 위에서도 언급했지만, 독서는 여러분들의 좋은 스승이 될 것이다. 사업에 성공한 세계적 부자 빌 게이츠도 휴가 갈 때 10권 정도의 책을 읽는다고 한다. 그 정도의 위치에 있으면서 계속 독서를 하는 이유는 굳이 언급하지 않아도 잘 알 것이다.

나는 군 경력으로 취업했다

에필로그

누구나 군에서 임관을 하면 언젠가 전역을 해야 한다. 그 시기가 이른 사람이 있고, 충분히 군 생활을 하다가 전역하는 사람도 있다. 또는 그 시기와 상관없이 자신의 적성과 맞지 않거나 새로운 도전을 하고 싶어서 전역하는 사람도 있다. 전역하는 이유는 다양하지만, 전역 준비는 미리 할수록 좋다. 그러나 현재 전역자를 위한 지원은 전역 6개월~1년 전에만 가능해서 시기적으로 늦다고 생각한다. 그리고 전역 준비를 위한 정보도 부족하다.

앞에서 많이 언급했지만, 전역을 결심하는 시기부터 전역 준비 그리고 전역일까지 준비해야 할 것이 많다. 현역으로 근무하면서 또 다른 시작을 위해 준비한다는 것은 쉽지 않은 일이다. 이직에 성공한 분들과 인터뷰를 해보면, 정말 절실하게 준비했다고 한다. 나도 주말에 제대로 쉬지 않고 계속 준비하면서 몇 년을 그렇게 살았다. 심지어 업무가 많아 주말까지 출근하는 날도 많았다.

세상에 공짜는 없다. 오늘 현역들이 지금의 위치에 서기 위해 땀을 흘리며 훈련을 받고 군사학 교육을 받은 것과 같다. 전역을 준비한다면 정말 절실하게 준비하기 바란다. 블로그를 통해 상담을 하다 보면 감사의 인사를 전하는 분도 있지만, 어떤 분들은 상담을 진행하다가 더 이상 답이 없는 분들도 많았다. 더 이상 답이 없는 분들에게는 나도 다시 연락하지 않았다. 그만큼 절실하지 않다고 생각하기 때문이다. 독자 중에 전역을 준비하는 분이 있다면 이러한 부류에 속하지 않기를 바란다.

이 글을 쓰면서 나의 군 생활과 전역 준비 과정을 다시 돌이켜볼 수 있었다. 상담을 했거나 인터뷰를 했던 분들도 생생하게 기억이 난다. 이러한 글을 쓸 수 있게 조언해준 친구에게 정말 감사하고, 능력이 부족한 나에게 연락을 해서 상담을 신청한 분들에게도 감사하다. 그런 분들이 없었다면 나는 책을 만들겠다는 시도조차 하지 못했을 것이다. 그리고 상담을 해주면서 전역 준비 프로세스와 원칙 등을 정리할 수 있었던 것도 큰 수확이었다.

나는 현재에 머무르지 않고 나의 경력을 더 발전시키고 싶어서 아직도 노력하고 있다. 2002년 한일 월드컵 히딩크 감독의 "I'm still hungry"라는 명언이 생각난다. 여러분들도 군에 계속 근무를 하든 전역을 하든 지속적으로 스스로 발전할 수 있는 사람이 되기를 바란다. 그리고 군에서 제때 진급하지 못했거나 인정받지 못한다고 낙담할 필요 없다. 나와 같이 평범한 사람도 이렇게 이직해서 회사 생활 잘하고 있다. 이직에 성공한 분들 중 군에서 우수한 사람으로 인정받지 못했던 사람도 많다. 더 이상 걱정만 하지 말고, 행동으로 실천하자! 여러분의 새로운 전성기를 응원하겠다.

정대영(카키)